THE BOOK OF
SCOTTISH WORDSEARCH PUZZLES

THE BOOK OF SCOTTISH WORDSEARCH PUZZLES

OVER 100 PUZZLES

SIRIUS

SIRIUS

This edition published in 2023 by Sirius Publishing, a division of
Arcturus Publishing Limited,
26/27 Bickels Yard, 151–153 Bermondsey Street,
London SE1 3HA

ISBN: 978-1-3988-3064-6
AD011176UK

Printed in China

Scotland: Land and the People

"Scotland small? Our multiform, our infinite Scotland small?"

The poet Hugh Macdiarmid believed that Scotland enjoyed an immense variety of people and places crammed into a small space. This book explores many of the themes that make Scotland such an interesting country for visitors and its inhabitants.

Scotland is rich with dramatic landscapes such as the stirring mountains, sea lochs, and islands of the West which attract interested explorers from all over the world. Equally beautiful are the softer hills and glens that cover the eastern counties. In both the east and west, Scotland has a rich wildlife with exotic beasts on the land, and magnificent creatures in the rivers, and the air. It has beautiful flora from the highest peaks down to the sea. For more than ten thousand years, people have led good lives on this small but fortunate place.

Winston Churchill was perplexed when he first visited Scotland. Most of the country was empty of people. Most Scots lived in the narrow stretch between Glasgow and Edinburgh or the thin coastal belt facing the North Sea. For many Scots throughout history, life was hard. But Churchill noted their passion for learning and the immense impact that Scottish inventors, doctors, explorers, artists, and writers had made upon the modern world… *"perhaps only the Ancient Greeks surpass the Scots in their contribution to Mankind."*

This book is a treasury of more than 100 themes offering an opportunity to explore Caledonia's landscapes, wildlife, culture, and history plus its most-beloved tipple, intriguing cuisine, and much more. Tracing its people from the first mention of the Picts in battle against Roman invaders to the global success of so many Scots in the current digital world. Your challenge is to find the words that sum up this beautiful, mysterious land and its people. These are hidden in the grid, running backward as well as forward, up and down, or diagonally in both directions—in some puzzles only the underlined words need to be located.

The poet Lord Byron grew up in Aberdeen and never lost his boyhood love for Scotland, preferring its rugged beauty to the mellow landscapes south of the border:

> *England ! thy beauties are tame and domestic*
> *To one who has roved on the mountains afar:*
> *Oh for the crags that are wild and majestic !*
> *The steep frowning glories of dark Loch na Garr !*

Follow in Lord Byron's footsteps into the heart of Scotland using the puzzles in this book to encounter the people, places and phenomena that make up The Lion in the North.

Fàilte gu Alba (Welcome to Scotland)

1 **Lochs**

```
V M X A M M O K M O R A R E L
E I N A E B G L A F S V E I O
Y G L A W L E O S S I A N Y O
D D N V V X B X X V S P T R R
R A D E O G H M T I Q B A R T
A L V N L U T M K O K S G A R
N E G A P C A T A R S A N G E
N M T C N I R J Q Y G S H B S
E M J H W R T Z N R B C T O C
K U Z A V F S T H C I R E V O
D T D R R F F K W U N M O V B
H C O N N A R U D R D I F S I
M A R E E N A G G A L N I F E
K C I U M C A L L A T E R Q X
N J A K W N R I A G N E B P U
```

◊ AFFRIC	◊ FINLAGGAN	◊ RANNOCH
◊ ASSYNT	◊ GARRY	◊ RESCOBIE
◊ BEANIE	◊ KENNARD	◊ STRATHBEG
◊ BENGAIRN	◊ MAREE	◊ TARSAN
◊ CALLATER	◊ MIGDALE	◊ TROOL
◊ DAVAN	◊ MORAR	◊ TUMMEL
◊ DUICH	◊ MUICK	◊ VENACHAR
◊ ERICHT	◊ OSSIAN	◊ VOIL

Macbeth

```
R D L J G J A N G U S V J Q S
L O U R L B A N Q U O C P B H
A N M E A D O O G E R I O S T
D A P B M A E H T R E Y R N I
Y L H A I D O A O F C E T C E
M B A H S M C D I B T Q E N T
A A N C M E W F I S O T R O N
C I A O H A E R I Z U B P T E
D N N L C L N S B F D A M Y M
U R K W T A D E L F D L L E S
F B A S M R L E D D O E E S S
F W A W I G A C O C N R O Z Q
K C O E I N H C L N O R R X X
O O W N C S K A O K G V N E S
D U E E V A M X E H I L Z T S
```

◊ ANGUS

◊ BANQUO

◊ BIRNAM WOOD

◊ CASTLE FIFE

◊ CAWDOR

◊ DONALBAIN

◊ ELGIN

◊ FLEANCE

◊ FORRES

◊ GLAMIS

◊ HECATE

◊ LADY MACDUFF

◊ LENNOX

◊ LOCHABER

◊ LUMPHANAN

◊ MALCOLM

◊ MENTEITH

◊ PADDOCK

◊ PORTER

◊ ROSS

◊ SCONE

◊ SEYTON

◊ SIWARD

◊ WEIRD SISTERS

3   **Clan Names – Part One**

```
R X M G Z Y E L L E B P M A C
R O S S V J N I W H D S G P U
C J G L U H S L L C E R D K P
W U I U T T S C O S A Z A F D
M G S I E G H L U N E Y G O F
O Y E W S L Q E T M A L N R E
Z K A E S U J N R R M R E B I
D R T K H L A H R L I I W E D
T O E O F H C U I A A Q N S O
N N U G P G M N L Q N N L G R
E N S I O O D C V R D M D S B
Q G L R R S N C H I S H O L M
N O D N A I Z Z P L N J G I Y
G O U Y S V O U F O Z B U U Z
N M F A R Q U H A R S O N N U
```

◊ AGNEW   ◊ GORDON   ◊ OGILVY

◊ BRODIE   ◊ GRANT   ◊ OLIPHANT

◊ CAMPBELL   ◊ GUNN   ◊ ROSS

◊ CHISHOLM   ◊ KEITH   ◊ SETON

◊ COLQUHOUN   ◊ LESLIE   ◊ SINCLAIR

◊ CUMMING   ◊ LINDSAY   ◊ SKENE

◊ FARQUHARSON   ◊ MUNRO   ◊ STEWART

◊ FORBES   ◊ MURRAY   ◊ SUTHERLAND

```
Y S E R O L A G E F U L T O N
T L U C K Y C O A L H G F D C
H R S U O E V L F A I I H E L
E O R J H M U L F F R A I M N
A Z G Z T S R Z T E N T E G B
U M W U T A L I B S R R D N S
L O Q F I B E A E O C E I I T
D N H D U N L L H A G K S N E
A S I A E L A S T E O X T I A
W M L N S S E N D N I K U A K
A E P L E T S P E K Y V O S P
V G W K E J E W V D I C A E I
F M O U X B S C O T C H A L E
S M U P H E L L Y A A O R K C
S N I F K S R Z S E S U C X E
```

◊ A CUP OF <u>KINDNESS</u>

◊ <u>CAKE</u> DAY

◊ BURGHEAD <u>CLAVIE</u>

◊ <u>COMRIE</u> FLAMBEAUX

◊ DRAMS <u>OUTSIDE</u>

◊ <u>FIREBALLS</u>

◊ <u>GIFTIE</u> SALT

◊ <u>HANSEL</u>

◊ <u>HASTE</u> YE BACK

◊ <u>HOGUINANE</u>

◊ JUNIPER <u>SMOKE</u>

◊ <u>LUCKY COAL</u>

◊ <u>MERCAT</u> CROSS

◊ MIDNIGHT <u>BELLS</u>

◊ <u>MONS MEG</u>

◊ ONLY AN <u>EXCUSE</u>

◊ RIKKI <u>FULTON</u>

◊ <u>SAINING</u>

◊ <u>SCOTCH</u> AND WRY

◊ <u>SHORTIE</u>

◊ <u>STEAK PIE</u>

◊ <u>THE AULD AWA</u>

◊ <u>UP HELLY AA</u>

◊ WHISKY <u>GALORE</u>

Castles

```
R C C S T A L K E R W Z Y A F
K R A W E N O L T L A N D O D
Z I W F N D R C R A T H E S E
T C D F D P Z O T M Q H E K L
R H O O M A B E T F U I U S G
A T R J I G F N L H D E S P A
U O A Q N Q I S O L E E J E T
D N T H G I G S E H N S I T I
K R T Y A T N G U K U N A T E
I E O R R H R L C F E Q M Y M
S W N P Y E E A S V F P L Y W
F C N M B V L V L I Q U U O S
D A U A U B M A R O I T D F T
O Q D S K R B O R T H W I C K
N E E W S L E K I S I M U L J
```

◊ ABERGELDIE

◊ BALVENIE

◊ BLACKNESS

◊ BORTHWICK

◊ CAWDOR

◊ CRATHES

◊ CRICHTON

◊ DELGATIE

◊ DUART

◊ DUFFUS

◊ DUNNOTTAR

◊ EDZELL

◊ GIGHT

◊ KENMURE

◊ KISIMUL

◊ MINGARY

◊ NEWARK

◊ NOLTLAND

◊ PETTY

◊ ROTHESAY

◊ STALKER

◊ SWEEN

◊ TIORAM

◊ TOLQUHON

Ancient Sites

```
E E R B B Q Y A S R I B Q E C
S T S T E N N E S S Y R Q H A
D Y R E Q W T A P O N O T H L
E R G I A T O T Q S F D G C L
J D E G M A C H R I E G U A A
N H I H R O E U S A A A R R N
E O F N T W N B W E R R N L I
B M R I S I O T Z G A V E O S
E H A T A N M Y I N K M S W H
I N W R E K B K A U S J S A I
K A D A K N R E T S M A C Y K
S I S M D W O E N I N O T N A
A L K L K G C U D F M Y N G K
C L U I W V H D S E A G L E S
Z F G K L I G I A N R O D C B
```

◊ ANTONINE WALL

◊ BIRSAY

◊ BONE CAVES

◊ CALLANISH

◊ CAMSTER

◊ CASKIEBEN

◊ DORNAIGIL

◊ DUN CARLOWAY

◊ DWARFIE STANE

◊ EDIN'S HALL

◊ EILEAN DHOMHNAILL

◊ GURNESS

◊ KILMARTIN GLEN

◊ MACHRIE MOOR

◊ MAESHOWE

◊ MITHER TAP

◊ MOUSA BROCH

◊ RING OF BRODGAR

◊ SKARA BRAE

◊ STENNESS

◊ TAP O'NOTH

◊ TOMB OF THE EAGLES

◊ TOTAIG

◊ TRIMONTIUM

Battles

```
N C N I L S O R N D J T C I F
O U G Y G L O C H R Y A N E J
D L Q R H D R W R U C O N K I
D B A H W G E M N M R B V G N
A L G R N R U B K C O N N A B
H E A L P N I A M L M N N N T
A A H P E A J R R O D N K C U
L N A I P N P R M G A U I R R
I H R P I A S A S R L O Y U N
D D L E N H L H A O E V L M B
O U A R K P K R I K L A F D E
N N W D I M M Q E E N W W N R
A B V E E U T R D N L H A N R
G A B A I L F D P U W B N Y Y
E R G N T Y G R A U P I U S L
```

◊ ANCRUM MOOR

◊ ANNAN

◊ BANNOCKBURN

◊ BARRA

◊ CROMDALE

◊ CULBLEAN

◊ DRUMCLOG

◊ DUNBAR

◊ ENBO

◊ FALKIRK

◊ GLEN SHIEL

◊ HADDON RIG

◊ HALIDON HILL

◊ HAPPREW

◊ HARLAW

◊ LARGS

◊ LOCH RYAN

◊ LUMPHANAN

◊ MONS GRAUPIUS

◊ PINKIE CLEUGH

◊ PIPERDEAN

◊ ROSLIN

◊ SOLWAY MOSS

◊ TURNBERRY

The High Munros

```
M I S P P H R I A D S A L A G
Z Y A N C A I S T E A L O H S
T O E O Q N I A V L U G A B I
H K I U S R W H L S N H M D U
E L Z Y Z B S A Y L C K N L R
S M M L Y E V P B I T Z R R O
A K R Q I I B Y R V B E A G M
D W T R N Q H I Y E F S H E P
D K D O M N A E H D R N C S B
L M C G L G C B J D U K T I R
E A L A J M U G A R B H N E A
S P T N N H O K O M I N N R Y
O R K O D Y T U Q R E U I C A
Z P K L A D B E N I M J E F M
H C A D O B M A N T V Q B K M
```

◊ AM BODACH

◊ AN CAISTEAL

◊ AONACH BEAG

◊ BEINN BHROTAIN

◊ BYNACK MORE

◊ CAIRN GORM

◊ CARN BHAC

◊ CISTE DHUBH

◊ CONIVAL

◊ CREISE

◊ DRIESH

◊ GAIRICH

◊ GEAL CHARN

◊ GLAS MAOL

◊ GULVAIN

◊ MAYAR

◊ MEALL GARBH

◊ MORUISG

◊ SGURR ALASDAIR

◊ SLIOCH

◊ STOB BINNEIN

◊ THE DEVIL'S POINT

◊ THE SADDLE

◊ TOLMOUNT

Tartans

```
B G I A R C A R M L A M O N T
A C M F W C R A N S T O U N B
I G S R O L L E W X A M G I M
L A H M D C C W L H I S U O J
L L A J O K G H E M C B H H N
I B J L P U G Q A W P U P A Y
E R M O F H U C S R R R B R W
S A C G Q V T U K E T N H A E
T I U A I A H Y J N W E R O D
R T U N V O R B S F Q T R U P
A H R I U M I A O R H T N I K
C E S S L N E X E U O B O B S
H H T O Y D M T R F A F K U E
A O V C O R P E Y R C S Q S Q
N H A N N A Y R A T T R A Y I
```

◊ ARTHUR	◊ FORSYTH	◊ LYON
◊ BAILLIE	◊ GALBRAITH	◊ MACTAVISH
◊ BAXTER	◊ GUTHRIE	◊ MALCOLM
◊ BURNETT	◊ HANNAY	◊ MAXWELL
◊ CHARTERIS	◊ HOUSTON	◊ MUIR
◊ CRAIG	◊ LAMONT	◊ RATTRAY
◊ CRANSTOUN	◊ LEASK	◊ SHAW
◊ DUNBAR	◊ LOGAN	◊ STRACHAN

Scottish and English Vocabulary

```
W L H N Y D D H C I E R D Y F
F E A R S C U N N E R E D H C
I H U N E R G D E L H C A R T
C T N U I H N N U K A T R G Y
H G L E R E T F A C D R H L O
E E E C R J E E Q U R Q L D E
R I S U O E I Q L P L A R E P
S B S K L A B A B W U Q L E
E B C N B R T G E E T U E I P
G E R L O C T A I H I K S Y A
A N R A A S L L Y N S U T C B
S K F A W I E L E W O R G A A
S U M W N E K U G T A Z I U Z
E P P B P E A S B L K R E E Y
M U C K L E E I C H N L Q W N
```

⬦ ALBA (SCOTLAND)

⬦ BAIRN (CHILD)

⬦ BEALIN (ANGRY)

⬦ BLETHER (CHAT)

⬦ BRAW (LOVELY)

⬦ CLAIK (GOSSIP)

⬦ CLARTY (MUDDY)

⬦ DREICH (INCLEMENT)

⬦ DRUTHY (THIRSTY)

⬦ FEEL (FOOLISH)

⬦ FICHER (FUMBLE)

⬦ GALLUS (CHEEKY)

⬦ HAUNLESS (CLUMSY)

⬦ MESSAGES (SHOPPING)

⬦ MUCKLE (LARGE)

⬦ NEBBIE (NOSY)

⬦ PEELIEWALLY (PALE)

⬦ PUCKLE (FEW)

⬦ QUINE (LASS)

⬦ SCUNNERED (FED UP)

⬦ SKELP (SLAP)

⬦ SONSIE (HANDSOME)

⬦ TOUSIE (UNKEMPT)

⬦ TRACHLED (EXHAUSTED)

```
C O M P A R D T H G U O N Y S
R S S P G N I R D R U M A E F
A L M S A N I A V T F M M M D
E E O K E N P T E C S E L E P
R E U T L U I S I C H A A N R
D K S L B M G C T C I A C R O
U E I L R F A C S Y H M S E M
B T E O E N O F A T E E V E I
S S U I N W O E E S Y L E H S
T S R A R R L H B A O T G T D
L G E A W T C O C H J T C A N
A W N A T U B A C K W A R D I
I V R A O G N I V O R P F A A
T D R T G B I C K E R I N W P
H B R E A S T I E N A L Y H T
```

Wee, sleeket, cowran,
 tim'rous beastie,

O, what a panic's in thy
 breastie!

Thou need na start awa sae
 hasty,

  Wi' bickerin brattle!

I wad be laith to rin an'
 chase thee

  Wi' murd'ring pattle!

…But Mousie, thou art no
 thy-lane,

In proving foresight may be
 vain:

The best laid schemes o'
 Mice an' Men

  Gang aft agley,

An' lea'e us nought but grief
 an' pain,

  For promis'd joy!

Still, thou art blest,
 compar'd wi' me!

The present only toucheth
 thee:

But Och! I backward cast
 my e'e,

  On prospects drear!

An' forward tho' I canna
 see,

  I guess an' fear!

Sea and River Creatures

```
N O M L A S B L C B E C J T U
N S G C P A G D L H T W B P H
W S H N R N A W O P A N H W C
H U H C I H S N H L K R E T T
A G D Z H L O A G V S I R K I
L D R Q U E Y G N I L R A P S
E T Y A G P G A T D Y M W H G
B D P R Z C O E R E Y H A R S
E J U C D O L R R G I R E H S
S T E V D G R P P T K Y A A T
S N K K A I M C I O S D L Y R
A D O E I A K N L E I P C W O
R E T A L P G C A A N S S W U
W H C R E P V L D G M R E K T
M A C V F H S I F G O D R K E
```

◊ ARCTIC CHARR

◊ ATLANTIC SALMON

◊ BASKING SHARK

◊ BROWN TROUT

◊ GRAYLING

◊ GREY SEAL

◊ HARBOUR PORPOISE

◊ LAMPREY

◊ PERCH

◊ PIKE

◊ PILOT WHALE

◊ POWAN

◊ RAZOR CLAM

◊ SALP

◊ SANDY RAY

◊ SEA EAGLE

◊ SHORE CRAB

◊ SKATE

◊ SPARLING

◊ SPINY DOGFISH

◊ STURGEON

◊ TWAITE SHAD

◊ WHITING

◊ WRASSE

Traditional Boys' Names

```
A D O U G L A S O E Y G B U S
L O R R E P L C D Q E Q L G M
Q N W I S S A B R O Y O A K S
L A P A K E S F U S R G I H H
N L Y K S N D E M O U R R N D
V J O E L N A R U Y Q G P G O
R Q M H P I I G I A E S N A F
P R F L T B R U Q S T R U A N
T E A A O A H S I M A H M M N
G R A N T C D N U A G C T R I
N S G N E I L D G R K E I T H
F D O U G A L A O V F A J S K
E C A R E R J Z M N C A D I E
N N J W R A M L E I R U A L U
K C A M C N K S W G K I C A R
```

◇ ADIE	◇ DOUGAL	◇ INNES
◇ ALASDAIR	◇ DOUGLAS	◇ KEITH
◇ ANGUS	◇ EOIN	◇ LAURIE
◇ ATHOLL	◇ ERROL	◇ MACK
◇ BLAIR	◇ EUAN	◇ MALCOLM
◇ CAIRN	◇ FERGUS	◇ MURDO
◇ CIARAN	◇ GRANT	◇ RAMSAY
◇ DONAL	◇ HAMISH	◇ STRUAN

Distilleries

```
N A L L A C A M O R T L A C H
K A R U F R E W O G H C N I R
N R U B Y E P S C A R D H U N
K J D L R U H D K C O N K X R
D R U U N I T A M O T S A J O
D A F R X G P Q W Y I C B P M
C B F V U A E K L O O L E U G
A A T T C O N B R H M Y R L N
O L O S M I D H D U L N A T O
L V W B L I C A O R U E R E L
I E N P F U L C R L A L G N D
L N R O A W P L G D D I I E S
A I J B E N R I N N E S E Y X
F E T T E R C A I R N H K D E
Y A S S A R U D E A N S T O N
```

◊ ABERARGIE	◊ DAFTMILL	◊ LONGMORN
◊ ARDBEG	◊ DEANSTON	◊ MACALLAN
◊ AUCHROISK	◊ DUFFTOWN	◊ MORTLACH
◊ BALVENIE	◊ EDRADOUR	◊ PULTENEY
◊ BENRINNES	◊ FETTERCAIRN	◊ RASSAY
◊ CAOL ILA	◊ INCHGOWER	◊ SCAPA
◊ CARDHU	◊ KNOCKDHU	◊ SPEYBURN
◊ CLYNELISH	◊ LINKWOOD	◊ TOMATIN

```
G M M K E D B I Z A R R O Y D
L Z V A T H E C H A S E T E E
E D E W R C F M I N U I A W U
N R N R E M S J A S L N R O G
F Y A E G Y I N S A S O I O D
I A R W W E O O T E K S I D R
N S D O I R R R N E Q E V S O
L D N T T C O L B B N I A T F
A U I S M M Y Y K O N T N O S
S S H K E N I L W O R T H C T
T T C A S T L E A L Z A O K O
P Q U E N T I N C U Z P E V B
Y T A L W R W A V E R L E Y B
J U J E D U N D E E N Z B Q A
C H G K T E L T N U A G D E R
```

◊ ABBOTSFORD	◊ *GUY MANNERING*	◊ *REDGAUNTLET*
◊ *AUCHINDRANE*	◊ *IVANHOE*	◊ *ROB ROY*
◊ *BIZARRO*	◊ *KENILWORTH*	◊ *ROKEBY*
◊ JEANIE DEANS	◊ *MACDUFF'S CROSS*	◊ SMAILHOLM TOWER
◊ *BONNIE DUNDEE*	◊ *MARMION*	◊ *ST RONAN'S WELL*
◊ *CASTLE DANGEROUS*	◊ OLD *MORTALITY*	◊ *THE CHASE*
◊ DRYASDUST	◊ PETER PATTIESON	◊ *WAVERLEY*
◊ *GLENFINLAS*	◊ *QUENTIN DURWARD*	◊ *WOODSTOCK*

Seaside Towns

```
K Z L R O T H E S A Y B D D T
H T U O M E I S S O L A R G S
L G T G O U R O C K E N S H C
Y C A R D R O S S E W F S E R
D R O S E H E A R T Y F T L U
N V O N T B S T F R V N O E D
A O A M R M R V L T L C N N E
K B O Y R O O A C V G R E S N
O Y E N P E H N T Y I T H B B
E G R R U I B G A A E H A U A
R I S H D D C O N N M U V R Y
F R Z O B O Q L T I S R E G A
M V M A C D U F F N K S N H C
J A K H C O L R I A G O F I Z
P N N I E E I L R O M L E K S
```

◊ ABERDOUR

◊ BANFF

◊ CARDROSS

◊ CRUDEN BAY

◊ DUNOON

◊ GAIRLOCH

◊ GIRVAN

◊ GOUROCK

◊ HELENSBURGH

◊ KINGHORN

◊ LARGS

◊ LOSSIEMOUTH

◊ MACDUFF

◊ NAIRN

◊ OBAN

◊ PORTREE

◊ ROSEHEARTY

◊ ROTHESAY

◊ SKELMORLIE

◊ ST MONANS

◊ STONEHAVEN

◊ TARBERT

◊ THURSO

◊ TOBERMORY

Raiders and Pirates

```
Q Y O U K A P S U X G H N M F
M X D R E B H G A O E U A J X
O N H F U R J N X N E C I S I
Y Y A E G C D B N P A L M E R
G A R Y A D A I L U D Q P E A
R N G T E R F U L S W D J G D
E O V N T R M A D R E W L D S
A S J O O I Y O I I Y L I F E
V D N H S L E A P M M K L R N
E I T I X L T S A F M L O H W
S V K M C R E L C G X A L O O
K A E A A L C B X A R L G C R
U D M T L O V V T I N M Y T B
L F L I L N I K N U D N L L Z
L A G M O K X G B D E I A K E
```

◊ ANDREW BARTON

◊ JAMES BROWNE

◊ CANNA ISLAND

◊ ROARING CAVE

◊ ROBERT DAVIDSON

◊ GEORGE DUNKIN

◊ HUGH GILLESPIE

◊ JOHN GOW

◊ RED LEGS GREAVES

◊ HOLMFAST

◊ CAPTAIN KIDD

◊ KISIMUL CASTLE

◊ LONGAY

◊ LUSTY MALCOLM

◊ PETER LYLE

◊ DANIEL MACAULAY

◊ CALUM MACLEOD

◊ NIALL ODHAR

◊ JOSEPH PALMER

◊ SKULL SPLITTER

◊ RUARI TARTAIR

◊ ROBERT TEAGUE

◊ THORFINN

◊ USPAK THE HEBRIDEAN

In the Forest

```
L P N T A J R J U N I P E R X
G R D C A N I H W P O N L P P
P N I S M O O R B P U X P K A
R I I F P B G C L B Y X P L L
M Q C L S Y E A H Q L O A E F
H Z D J L A R A L D E R B U Y
N O A W B Q L L R T E S A R M
O V L E S O R G O D C H R N U
T A Z L H A O L U O M E C H W
C I B U Y T H Z T O H O I O Q
H S H U M K J S E C D S S W G
W D N Z B H P Z D O I O L S E
O O K X M I R L C T F A R L A
R O W A N U I C K L E Z A H N
T W B E F W M A E B E T I H W
```

- ◊ ALDER
- ◊ ARRAN WHITEBEAM
- ◊ AUTUMN FLAP
- ◊ BLACK POPLAR
- ◊ BROOM
- ◊ CRAB APPLE
- ◊ COMMON JUNIPER
- ◊ DOUGLAS FIR
- ◊ FURZE
- ◊ GEAN
- ◊ GOAT WILLOW
- ◊ HAIRY DOG ROSE
- ◊ HAZEL
- ◊ HOLLY
- ◊ LING
- ◊ OBLONG WOODSIA
- ◊ ORKNEY NOTCHWORT
- ◊ PERTH BEARDMOSS
- ◊ ROWAN
- ◊ SCOTS PINE
- ◊ SITKA SPRUCE
- ◊ UBHAL
- ◊ WILD CHERRY
- ◊ WHIN

Film Makers

```
H U W N M E Z M U O D C D G Z
T G E I E C G V C A M M E L L
Y S D K M I L O T C G Y F V B
S G C O I C P A R B A P Q O Z
R R G O T I F S R D Q R U Q R
O I Y G T F E D E E O R T A B
F E B C O T H K S L N N M H R
Z R A M N P S O K E L S E R Y
S S D O C H E R T Y A I Z A C
G O Q U I S Y I M Y R T G L E
Q N O D U O L P W R N I Z L G
M U L L A N V A E N K A J I N
H U I O V T T B I R R T R M O
C A Q C M T C S E M I L N O A
L E E H K Y E L M R O G O R D
```

◊ GILLIAN BERRIE

◊ SUE BOURNE

◊ ALEX BRYCE

◊ DONALD CAMMELL

◊ MIKE DOCHERTY

◊ JAMIE DORAN

◊ BILL FORSYTH

◊ JIM GILLESPIE

◊ DOUGLAS GORDON

◊ TOMMY GORMLEY

◊ JOHN GRIERSON

◊ NORMAN LOUDON

◊ COLM MCCARTHY

◊ MALCOLM MCGOOKIN

◊ NORMAN MCLAREN

◊ GAVIN MILLAR

◊ DAVID MITTON

◊ ROBBIE MOFFAT

◊ PETER MULLAN

◊ CHRIS QUICK

◊ LYNNE RAMSAY

◊ GEORGE SCOTT

◊ MARGARET TAIT

◊ HENRY WATT

Abbeys and Priories

```
F K R N E D R A C S U L P M J
W R I M L E U G A R S S O R C
M E V N Q B A L M E R I N O Z
L E C G R T A R B R O A T H K
O D E K L O Q H U O N K M I Y
C A Y N B N S O S L E K L C E
H O B B I G Y S K S I W M N L
C G L E N L U C E W I P E C S
N H R V R A M R N N A W L U I
I S F U V N O R N H B Y R L A
I I C Q B D E I E A L F O R P
O A A O N D N T T F E E S O V
N H Y I N G E T H A N A E S U
A U L J P E L J R Y N U J S N
Q R E S T E N N E T H Z D J V
```

◊ ABERNETHY

◊ ARBROATH

◊ BALMERINO

◊ CAMBUSKENNETH

◊ CROSSRAGUEL

◊ CULROSS

◊ DEER

◊ DUNFERMLINE

◊ FEARN

◊ GLENLUCE

◊ INCHCOLM

◊ IONA

◊ JEDBURGH

◊ KELSO

◊ KILWINNING

◊ KINROSS

◊ LINDORES

◊ MELROSE

◊ NEWBATTLE

◊ PAISLEY

◊ PLUSCARDEN

◊ RESTENNETH

◊ SCONE

◊ TONGLAND

Olympic Heroes

```
M W Z M A C D O N A L D B L A
M U R R A Y E I K L I W Y Y F
E N W M S R T K E T N Z T O M
R C N O N W T D W M I N T N H
F O O O L K D I C C K A U B E
K R T R M I Z G N W N G E B R
A N R E L Z R K N M A L M A Y
R E O Y D E I O N W R O C I T
C T M X G N S I Z I H C T L N
H A J O N W P C W F I C A L I
I K R E A P R E O D B M G I C
B N A D A R L S A T Q D G E M
A R U P O L T S S U T Q A C V
L H G Q S E G J T V M L R P N
D W M F R W G N I N N A T S S
```

◇ KATIE <u>ARCHIBALD</u>

◇ TIM <u>BAILLIE</u>

◇ GEORGE <u>CORNET</u>

◇ KATHLEEN <u>DAWSON</u>

◇ JAMES <u>FOSTER</u>

◇ CHRIS <u>HOY</u>

◇ WALLY <u>KINNEAR</u>

◇ DEBORAH <u>KNOX</u>

◇ ERIC <u>LIDDELL</u>

◇ LIZ <u>MCCOLGAN</u>

◇ FIONA <u>MACDONALD</u>

◇ BOB <u>MCGREGOR</u>

◇ MICHAEL <u>MCINTYRE</u>

◇ DICK <u>MCTAGGART</u>

◇ RHONA <u>MARTIN</u>

◇ ISABELLA <u>MOORE</u>

◇ MARGARET <u>MORTON</u>

◇ ANDY <u>MURRAY</u>

◇ VERYAN <u>PAPPIN</u>

◇ DUNCAN <u>SCOTT</u>

◇ JANICE <u>RANKIN</u>

◇ HEATHER <u>STANNING</u>

◇ ALLAN <u>WELLS</u>

◇ DAVID <u>WILKIE</u>

Robert Louis Stevenson Characters

```
N E D E P U M W L R C K E J S
P B D M T O R B I J O N C E V
S W W Y K J A E O W I D Y K B
E A V Z H L W T S H E A H Y N
N C N T F T H N Y I J R W L N
O A Z O L R Y O K S L R A L U
B T U L A L R E Z E I L V C G
J R C W L B E S S T W L A Y N
S I N B O D R B T E F L V P E
N O E R Y E S E P R V Z G E B
I N K D D D L D A M J I D Y R
K A R R Z L N S N K A U L D R
W P U F O I E H D A R C H R F
A T B M L R N N B I H E C E D
H W S B R A L L E K C A M I L
```

◊ DAVID BALFOUR

◊ BILLY BONES

◊ COLONEL BURKE

◊ COLIN CAMPBELL

◊ DANVERS CAREW

◊ CATRIONA

◊ JAMES DURIE

◊ SIMON FRASER

◊ BEN GUNN

◊ ISRAEL HANDS

◊ JIM HAWKINS

◊ EDWARD HYDE

◊ HENRY JEKYLL

◊ DR LIVESEY

◊ ROB ROY
  MACGREGOR

◊ EPHRAIM MACKELLAR

◊ HUGH PALLISER

◊ PROPHET PEDEN

◊ BLIND PEW

◊ TOM REDRUTH

◊ LONG JOHN SILVER

◊ CAPTAIN SMOLLETT

◊ THRAWN JANET

◊ ARCHIE WEIR

Golf Courses

```
R R G S J P C L O U D O N D B
B B M L M U R C A R A X F U A
S W G H E G R E J H N E V N L
G D A L A N O U S L Q A Y B G
H O I B U R E L O T P F I A O
T O L A I N B A S D W U Y R W
E G L F R G D U G P R I Z B N
I Z E F O B G I R L I E C B I
F H S E A C E A N N E E B K E
I C X I G U F E R L N S R A E
N O O R T L I V W Y I Q R I O
O N L C T L D S O N K N L B D
M R N I D E R B X U N E K M L
M O S M E N A L L U G L U S J
S D F N O T N R O H T H I W Q
```

◊ ABERDOUR   ◊ ELIE   ◊ LUNDIN LINKS

◊ ABOYNE   ◊ FIDRA   ◊ MONIFIETH

◊ BALGOWNIE   ◊ GAILLES   ◊ MURCAR

◊ BIGGAR   ◊ GLENEAGLES   ◊ NAIRN

◊ CRIEFF   ◊ GOLSPIE   ◊ PRESTWICK

◊ CULLEN   ◊ GULLANE   ◊ THORNTON

◊ DORNOCH   ◊ HARBURN   ◊ TROON

◊ DUNBAR   ◊ LOUDON   ◊ WEE BRAIDS

Famous Scotswomen

```
D R U F W A R C K R W W G W H
E S A R T M F S Z U A L O E M
J K O G O E L G W O K R R H C
F K A M R G R O M R H O D T W
L K E L E D Y A H U I W O T F
E V U S B R D L G S R G N A U
M I I C S X V H L R I R H M D
I E N L L U E I Y E A H A T L
N N G O J S D J L I B M C Y A
G A L Y R B J P D L G P K B N
J D I E U A N Y J L E U M N O
M L S R N R V A C I O Z P A D
U A G E N R I A N A P R Q T C
I H O E W I N G Z B M N Z B A
R I T T E D E N E B H K S S M
```

◊ GRIZEL BAILLIE

◊ NICOLA BENEDETTI

◊ ELIZABETH BURGH

◊ LADY AGNES CAMPBELL

◊ MAIRI CHISHOLM

◊ HELEN CRAWFURD

◊ SOPHIA DUSSEK

◊ WINNIE EWING

◊ WILLIAMINA FLEMING

◊ MARIA GORDON

◊ POONAM GUPTA

◊ ELIZABETH HALDANE

◊ MOLLIE HUGHES

◊ ELSIE INGLIS

◊ SOPHIA JEX-BLAKE

◊ FLORA MACDONALD

◊ CATRIONA MATTHEW

◊ LAURA MUIR

◊ JUDY MURRAY

◊ CAROLINA NAIRNE

◊ SAINT MARGARET

◊ MARY SOMERVILLE

◊ FRANCES WRIGHT

◊ LENA ZAVARONI

25   Football Heroes

```
X M C C O I S T N S T D T V A
O H S I L G L A D S N Z I F R
N F U T P B R V T E A R N T E
N F Y Q R L I G R N R J E U T
E I L K Z A O S M U R O D A X
L J R E M V C R S O U R D R A
M A T A T C H H I S D D A A B
A R A A C C S N A M O A F M P
C D G U I A H T I N E N C A Y
K I R G P T M E A C G R M N D
A N M G R K K C R Y H R Z C D
Y E A E A V H E Z E Z O E M K
G N U O Y I O H N B R K L I Q
W Q W V E D R O F T R A H A G
K F A R C H I B A L D V I B S
```

◊ ROY AITKEN

◊ STEVE ARCHIBALD

◊ JIM BAXTER

◊ KENNY DALGLISH

◊ WILLIE DONACHIE

◊ IAN DURRANT

◊ DARREN FLETCHER

◊ JOHN GREIG

◊ ASA HARTFORD

◊ SANDY JARDINE

◊ JOE JORDAN

◊ BOBBY LENNOX

◊ PETER LORIMER

◊ LOU MACARI

◊ ALLY MCCOIST

◊ JAMES MCFADDEN

◊ DAVE MACKAY

◊ JACKIE MCNAMARA

◊ PAUL MCSTAY

◊ CHARLIE NICHOLAS

◊ BRUCE RIOCH

◊ GRAEME SOUNESS

◊ GORDON STRACHAN

◊ GEORGE YOUNG

Islands

```
S F E R M A G Q B T M T P E B
E A Q E R O M A R E N A T C F
C F F U R G K M N Y A D N A S
C O J N I I Y E R O M S I L B
U U L G E A T L A J I R H Z A
M L H O K O T M U M I V A R O
B A A S N P R I W S J B R W A
R A I L W S K E L F C A E M J
A R R S U J A E L P N C I I R
E U Q R T C A Y S K R C G N D
A R U N A C E N Y Y C O G G H
M S W I B P D B N D Y U A U K
D U R A G R U I N A R D M L U
Y F L O T T A I T E C A Y A A
C M I L T Y A O S P B E O Y Q
```

◊ ARRAN	◊ FAIR ISLE	◊ MINGULAY
◊ BARRA	◊ FLOTTA	◊ MUCKLE ROE
◊ BENBECULA	◊ FOULA	◊ MULL
◊ CANNA	◊ GIGHA	◊ SANDAY
◊ COLONSAY	◊ GRUINARD	◊ SOAY
◊ CUMBRAE	◊ IONA	◊ TANERA MOR
◊ EIGG	◊ JURA	◊ TIREE
◊ ERISKAY	◊ LISMORE	◊ TORSA

Haunted Castles and Houses

```
G N S H C O L L U T X D T U I
B N E D K C O N K H F G I X L
H L I H G E I H T E T H A U B
A U N L I R S J T D L R R P A
B A R O R L A J U V I L I N L
E U E L G I L N X P B N I A G
R L G I N N T H T O K D B E O
G D G E K R O S O I N D H B W
E E E N U K U L E U A N F Z N
L A M N E E N J M L S B E U I
D R E I X W H H Z O P E R L E
I N S K P G A E M A C D U F F
E Q R Z F K L R Q B E L D K K
N L T C Q L L K K S E A J C V
Q U E E N S B E R R Y Y Z N Y
```

◊ ABERGELDIE

◊ AIRTH

◊ AULDEARN

◊ BALGOWNIE

◊ BEDLAY

◊ COMLONGON

◊ DALZELL

◊ DUNTRUNE

◊ ETHIE

◊ GRANT

◊ HILL HOUSE

◊ KELLIE

◊ KINNEIL

◊ KNOCK

◊ LENNOX

◊ MACDUFF

◊ MEGGERNIE

◊ NEWARK

◊ PINKIE

◊ QUEENSBERRY

◊ RAIT

◊ SALTOUN HALL

◊ STIRLING

◊ TULLOCH

The Land of Nod – Robert Louis Stevenson

From <u>breakfast</u> on <u>through</u> all the day
At <u>home</u> <u>among</u> my <u>friends</u> I <u>stay</u>,
But <u>every</u> <u>night</u> I go <u>abroad</u>
<u>Afar</u> into the <u>land</u> of Nod.

All by <u>myself</u> I <u>have</u> to go,
With <u>none</u> to <u>tell</u> me <u>what</u> to do —
All alone <u>beside</u> the <u>streams</u>
And up the <u>mountain-sides</u> of <u>dreams</u>.

The <u>strangest</u> things are <u>there</u> for me,
<u>Both</u> things to <u>eat</u> and <u>things</u> to see,
And <u>many</u> <u>frightening</u> <u>sights</u> abroad
Till <u>morning</u> in the land of <u>Nod</u>.

<u>Try</u> as I like to <u>find</u> the <u>way</u>,
I <u>never</u> can get <u>back</u> by <u>day</u>,
Nor can <u>remember</u> <u>plain</u> and <u>clear</u>
The <u>curious</u> <u>music</u> that I <u>hear</u>.

TV Personalities

```
F Y L L E K S L L D Y N K O T
L R M E J H L B B W K O G Z J
Y E A C T I Q E N I V R I V S
G W C Y H I N I J Y A E A N C
I E K A F J H A L Y E M M W B
K R E C O O K W M H L A C D A
C B N R L I E N W W O C N L E
I G Z E A G N U O Y O K A A R
M U I N C L K C L U E B I N Y
R F E O U R S L J N J I R O T
O I I J Q W E T N Z Q A S D N
C A G N E N D E O M E V U C I
C V I R N O D S A N R R C A C
A S M O G Y C I C V U C D M A
M U D N D D R Y C O W A N P M
```

- ◊ EDITH BOWMAN
- ◊ GORDON BREWER
- ◊ ANDY CAMERON
- ◊ PAUL COIA
- ◊ JAMES COOK
- ◊ TAM COWAN
- ◊ DOUGIE DONNELLY
- ◊ MURIEL GRAY

- ◊ CRAIG HILL
- ◊ HAZEL IRVINE
- ◊ LORRAINE KELLY
- ◊ LUDOVIC KENNEDY
- ◊ HARDEEP SINGH KOHLI
- ◊ DONALD MACCORMICK
- ◊ CATHY MACDONALD
- ◊ ALASTAIR MACINTYRE

- ◊ ANNE MACKENZIE
- ◊ SALLY MCNAIR
- ◊ EDDIE MAIR
- ◊ ANDREW NEIL
- ◊ JUDITH RALSTON
- ◊ KIRSTY WARK
- ◊ JIM WHITE
- ◊ KIRSTY YOUNG

Creepie Craalies and Fleas

```
Y J S S M N C O P E P O D A W
D D E R V A N T X C E O K V E
D A I C E K E Y F I A R U P C
E O L R A M H L T L O Y N O F
L L F G E N M L F S E M X O O
K A H B A I O U E W R C C L R
C G C N S H D A B S O I H I K
O L R Z S E P C S Y G N K E I
L A I I L H G S O L G E S Q E
C H B L I B H D M A A G L O T
G U B D I R I M I U T I O C A
V E D N A L A E D M L W T F I
V Z Z L A P P E T M O T H E L
J R I D R E T A K S D N O P R
P R P I S H M I N N I E F Q Z
```

◊ BIRCH FLIES	◊ FOGGYBUMMER	◊ PISHMINNIE
◊ CARNAN	◊ FORKIE TAIL	◊ POND SKATER
◊ CLEGS	◊ KIRSTY	◊ POOLIE
◊ CLOCKLEDDY	◊ LAPPET MOTH	◊ REIDCOAT
◊ COPEPODA	◊ MEANBH	◊ ROSE APHID
◊ DAOLAG	◊ MIDGES	◊ SHOLTIE
◊ DEALAN DE	◊ MIRID BUG	◊ SLAITER
◊ FLECH	◊ MYROO	◊ SNOW FLEA

Great Artists

```
T T A W P R H B Y P E P L O E
E R A E B U R N P A P A T O N
I E I Y N N Y A V B S D J L H
K R N T Q K O E W Z R M O G C
L R E P F L D R L V Q R A O E
I R K D O B Q T E D I W V R U
W P Z Z P U R T W M R T T D M
D B Z B I A T Z E Q A A Z O C
G I W B Q R T R B V E C E N L
W U E U I W U H V P J Y A S E
R L A A F S H H Z V H Z B B A
L I N L T Q I O D R U M C M N
R O N G M L G I C A D Y L M M
M C C U L L O C H O R N E L J
M K E S C O U G A L L E D A C
```

◊ FRANCIS <u>CADELL</u>

◊ MARY <u>CAMERON</u>

◊ JOAN <u>EARDLEY</u>

◊ DOUGLAS <u>GORDON</u>

◊ DAVID OCTAVIUS <u>HILL</u>

◊ EDWARD <u>HORNEL</u>

◊ LESLIE <u>HUNTER</u>

◊ JOHN HENRY <u>LORIMER</u>

◊ HORATIO <u>MCCULLOCH</u>

◊ BRUCE <u>MCLEAN</u>

◊ WENDY <u>MCMURDO</u>

◊ EDUARDO <u>PAOLOZZI</u>

◊ JOSEPH <u>PATON</u>

◊ DAVID <u>PEAT</u>

◊ SAMUEL <u>PEPLOE</u>

◊ ANNIE <u>QUIBELL</u>

◊ HENRY <u>RAEBURN</u>

◊ ALAN <u>RAMSAY</u>

◊ ANNE <u>REDPATH</u>

◊ JOHN <u>SCOUGAL</u>

◊ PHOEBE ANNA <u>TRAQUAIR</u>

◊ JACK <u>VETTRIANO</u>

◊ ALISON <u>WATT</u>

◊ DAVID <u>WILKIE</u>

Tower Houses

```
S E P L E A N E I D P A T H I
T K D C A R D O N E S S Y V G
D F A I R B U R N I V A E O R
F F U D N U D T Z B L M G C A
O A O N O A H Q C W R I R S V
R T H U H O M K C E W S E U E
D L A G A N Z P T N D F I R I
E I C L L T I S L E Q I B N G
L P P E L E E T O E I E R A I
L S B M B Y S Y R N W L O N A
J M S C A L L O W A Y D S E R
D A L C R O S S B M M K I E C
P R R J W A N H C O L L D R L
S S O R C N E T R O P F I G E
T W E N I D L A C R A B Z K P
```

◊ AMISFIELD

◊ BARCALDINE

◊ CARDONESS

◊ CRAIGIEVAR

◊ DALCROSS

◊ DUNDUFF

◊ EDINAMPLE

◊ FAIRBURN

◊ FATLIPS

◊ FORDELL

◊ GREENAN

◊ HALLBAR

◊ KILMARTIN

◊ LESLIE

◊ LOCHNAW

◊ MELGUND

◊ NEIDPATH

◊ NEWBIE

◊ PLEAN

◊ PORTENCROSS

◊ RUSCO

◊ SCALLOWAY

◊ SORBIE

◊ YESTER

The Lower Hills

```
V W S E I H C A N N E B E S C
Q V R J B H C I P P A R C T O
E W I Q C J D F O O L H S R B
S W A A R G A B A E R B D E B
B D L N I B E L K I E M M A L
R O Z U Y M H P S N T Y A P E
M M L O H T E Y A Z E A R O R
L E M I V N L B O L K G S R Y
L E H O V G O L E B Z R C E S
E W S A R R H I A H C O O M B
F Y L J G V T D R V W I N M R
T L Q P D S E L C O I T B A D
A R A R U I H N T E E K Y L U
O U R O A N Z A R K L E S Q B
G C B M L O C N U D A L B A H
```

◊ ARKLE

◊ ASKIVAL

◊ BENNACHIE

◊ BOUSTIE LEY

◊ BREABAG

◊ CRAPPICH

◊ CURLYWEE

◊ DUNCOLM

◊ GILLAVAL DUBH

◊ GOATFELL

◊ GROBAN

◊ HOLEHEAD

◊ LAMMER LAW

◊ MARSCO

◊ MEIKLE BIN

◊ MORVEN

◊ PENVALLA

◊ STREAP

◊ THE COBBLER

◊ TIORGA MOR

◊ TOM MOLACH

◊ WEDDER LAIRS

◊ WHITE COOMB

◊ YETHOLM LAW

Rabbie Burns

```
S W M T L E I G S S O M L S K
E S E I R F M U D U X S O J I
L E D R E D O I F F P N I A L
K I I E W H I S K Y G P U A M
I D N D S N I G H T E L E Y A
R O B R N F O L K A D U D R R
K L U O A E Y W H L N D N S N
G E R S E R L A A L T T E H O
R M G E H O H N J O J H E I C
A H H I T W G R S W B A W R K
C H S S S X O L A P G O E E
E K S T Y H G B Q Y K G L A H
R I O N N P O E T R Y I L N A
K C E L H U G R Q J R S A A L
S T R O M A N T I C V J H F K
```

◇ AE FOND KISS
◇ ALLOWAY
◇ AULD LANG SYNE
◇ AYRSHIRE
◇ BURNS NIGHT
◇ DUMFRIES
◇ EDINBURGH
◇ FOLK

◇ HAGGIS
◇ HALLOWEEN
◇ KILMARNOCK
◇ MELODIES
◇ MOSSGIEL
◇ POETRY
◇ RED ROSE
◇ ROBERT

◇ ROMANTIC
◇ SELKIRK GRACE
◇ SCOTS WHA HAE
◇ SONG
◇ SUPPER
◇ TAM O' SHANTER
◇ THE ANSWER
◇ WHISKY

Football Grounds

```
Z W F S U N E D P M A H Y I B
L A R I T C A P P I E L O W R
Q L N I T A D V K V L N I E O
U R O A S A I E E T S O B S A
G A C A G L R R N W L E R T D
E H H Y I G E O J S L G O Y W
T I I E N F A C O G E D X N O
H W L U I I C L R M B U K E O
E K V S G R Y G C O L D N C D
H Y I O N H D R L S F A A A I
A N E H V I Z O M S B T B S H
U O W L E L A R T E R C A T E
G C Y O B L E W B T A D L L I
H H R A Y D A L E C I M A E R
S D L E I F Y A G T W P G K L
```

◊ AINSLIE   ◊ FIRHILL   ◊ KYNOCH

◊ BALMOOR   ◊ GALABANK   ◊ MOSSET

◊ BELLSLEA   ◊ GAYFIELD   ◊ OCHILVIEW

◊ BROADWOOD   ◊ GLEBE   ◊ PITTODRIE

◊ CAPPIELOW   ◊ HAMPDEN   ◊ RAYDALE

◊ CLAGGAN   ◊ HARLAW   ◊ STAIR

◊ DENS   ◊ IBROX   ◊ THE HAUGHS

◊ DUDGEON   ◊ ISLECROFT   ◊ TYNECASTLE

Americans with Scots Roots

```
C N W P N A G A E R N P S N G
F O C L P O E O K B K R T O M
N S K G L D S W I F T E R T C
O L Q H I E L R S J Z S E N K
O I O S T C B B E Y B L B I I
P W O E D H A T J F U E O L N
S N C D L S O R T P F Y R C L
R T Q A R K L M N D K E T Z E
E U T E S M H V S E N O J T Y
H Y N V O H C U D O G P Z F I
T A I N O S K C A J N I T G B
I Y R J A N I S T O N Q E R U
W O Q H I W H Q J P O L K A I
E A S T W O O D N Z I B Z N C
U K D N O T G N I H S A W T K
```

◊ JENNIFER ANISTON

◊ KRISTEN BELL

◊ JOHNNY CASH

◊ ANDREW CARNEGIE

◊ BILL CLINTON

◊ DAVID BUICK

◊ DAVID DUCHOVNY

◊ CLINT EASTWOOD

◊ THOMAS EDISON

◊ ULYSSES S GRANT

◊ ANDREW JACKSON

◊ THOMAS JEFFERSON

◊ JOHN PAUL JONES

◊ ELVIS PRESLEY

◊ WILLIAM MCKINLEY

◊ MARILYN MONROE

◊ JAMES POLK

◊ RONALD REAGAN

◊ JULIA ROBERTS

◊ TAYLOR SWIFT

◊ BOBBY THOMSON

◊ GEORGE WASHINGTON

◊ WOODROW WILSON

◊ REESE WITHERSPOON

```
N U W Y W V J J M S S H O T U
E A Z D R O K G Q E D E T B A
K Y M K E E Q W R O S N L S E
T V W H D H V U P E L R I M V
I C C A C I T A K K S Y E W U
A O E N L S R A L V S L Q G O
R U E Y A T D U L M V U V U N
H R R P Y N O T H I N G D T H
F B T M A H F N L M P E I H Y
Y E Y E G S Y L L A H W A R C
H T R W M A E R D Y A D A I A
T R R K N G C M S H J G U E A
R B E T P G A Q U N B G N N K
O I H L H N O L D W I L L I E
W T C C N H T E B C A M E R K
```

◊ *A DAYDREAM*

◊ JANET AITKEN

◊ ART NOUVEAU

◊ GUSTAVE COURBET

◊ JOSEPH CRAWHALL

◊ ANNIE FRENCH

◊ GHOUL SCHOOL

◊ *PORTRAIT OF A GIRL AT DUSK*

◊ SIR JAMES GUTHRIE

◊ GEORGE HENRY

◊ JESSIE M KING

◊ JOHN LAVERY

◊ ANN MACBETH

◊ HARRINGTON MANN

◊ ARTHUR MELVILLE

◊ *NOTHING DOING*

◊ *OLD WILLIE THE VILLAGE WORTHY*

◊ *OPERA OF THE WINDS*

◊ ALEXANDER ROCHE

◊ *TENNIS PARTY*

◊ *TO PASTURES NEW*

◊ *UNDER THE CHERRY TREE*

◊ EDWARD ARTHUR WALTON

Conan Doyle Works

```
K X B S E N O B D C K F C Z D
C O R O N E T E L R R V C Y P
I C A Q W R D A E A A R Y E D
S L E G I N R I S B E R N A C
A S Y A J K O N P M B N E X I
S N G I E R O F O F A H O G A
A B B E Y I G N I R Q T S T N
S I B B T S A N B D H A N O S
S E F C V Y C Y I E K E O D A
A E A K E E R H T Y C D E C E
Z G O Q C S M I T H A D L B N
M N E S U A N M F O W L O O E
C A D T S I L G P O U N P F H
S R E N D E R B R K S Y A K P
R O H L X A H C W C T Y N H W
```

◊ *ABBEY* GRANGE

◊ *BERYL* CORONET

◊ *BILLY'S* BONES

◊ *BLACK* PETER

◊ *BRIGADIER* GERARD

◊ *CREMONA*

◊ *FIVE* ORANGE PIPS

◊ *FOREIGN* POLICY

◊ *HIS LAST* BOW

◊ *HOW I MADE MY* LIST

◊ *LIFE AFTER* DEATH

◊ *MICAH* CLARKE

◊ *NOW THEN,* SMITH

◊ *ONE* CROWDED HOUR

◊ *PENNARBY* MINE

◊ *PHENEAS* SPEAKS

◊ *PLAYING* WITH FIRE

◊ *RODNEY* STONE

◊ *SASASSA* VALLEY

◊ *SIR NIGEL*

◊ *SIX* NAPOLEONS

◊ *SONGS OF* ACTION

◊ *THREE* OF THEM

◊ *UNCLE* BERNAC

Jacobite Scotland

```
K S R E V A L C W Q C G E D C
E A E T Y V Z I E L U A S A E
P S S P M B L D A L K R M F R
P T T G R L Q N U T K P L E O
O U Q J I E S E E C B C D S M
C A O A E M S K I E D N I A Y
H R M T E M S T L L E E N P A
I T I N O U N L O T R H R R L
I H K T M U U E E N A A D B C
W R R P A O G R D G P V H S Y
N O I Z N R P Y R O W A O C A
R U K S G N G J P R L E N L R
N Q L W H E K E G D T L X S R
S U A M E D A K C O C P U A U
H I F C Z Z B D U N D E E C M
```

◊ BLUIDY CLAVERS

◊ BONNIE DUNDEE

◊ ALEXANDER CAMPBELL

◊ CLANSMEN

◊ CLAYMORE

◊ COCKADE

◊ CULLODEN

◊ DERBY

◊ FALKIRK MUIR

◊ FORT WILLIAM

◊ LEWIS GORDON

◊ IRISH BRIGADE

◊ KEPPOCH

◊ LOCHABER AXE

◊ LORD MURRAY

◊ LORD LOVAT

◊ MUSKET

◊ PICKLE THE SPY

◊ PRESTONPANS

◊ PRINCE CHARLIE

◊ WHITE ROSE

◊ STUART DYNASTY

◊ TARGE

◊ YOUNG PRETENDER

Sweets and Treats

```
U R N S W A B T I P P I R T S
D P T D E S O O R P L O O M S
I G C S T I H M O F F A T K B
E B K I C E T S T F H G D L T
D E P J A O Q T C U I M F A M
E S C T E U N R U P K L I A P
Y I H C A T S E Y C Y L R B M
V E H R L R H T S Y S M N E A
R B E S E E N A H C A N A R C
R S Y K U D F I R L K T S N A
R P O Z U R R E A T C F W E R
E O D N O N F D C Y O C A T O
S R D W B V E K D H R T R H O
W E A R U M D S N S A T T Y N
E N U F L U M M E R Y N S Z S
```

◊ ABERNETHY BISCUIT

◊ APPLE FRUSHIE

◊ CRANACHAN

◊ DROP SCONES

◊ DUNDEE CAKE

◊ ECCLEFECHAN TART

◊ EDINBURGH ROCK

◊ FATTY CUTTIES

◊ FLUMMERY

◊ FRUIT SQUARES

◊ GRANNY SOOKERS

◊ HEATHER HONEY

◊ IRN-BRU

◊ JETHART SNAILS

◊ MACAROONS

◊ MARMALADE PUDDING

◊ MOFFAT TOFFEE

◊ PETTICOAT TAILS

◊ PUFF CANDY

◊ ROWAN JELLY

◊ SHERBET STRAWS

◊ SOOR PLOOMS

◊ STRIPPIT BAWS

◊ TIPSY LAIRD

Cuisine – Part One

```
J D N N I L A R R O C U A F A
E H O V E E I D W O T W O H S
S H C Z M H T A C N L R Q U C
O A W A E A O I C D Z K G O D
R I R I B D C R P G V N C W X
B R D G L O R O B P A K K S V
U S C O S S C D L R A H E S C
T T R K M F H O U L W R O X R
T N G I G H A I E H O W D R E
E S K I R L I E X D A P X A T
R O A T C A K E S N K G S H S
I J R O W I E S S E A L G W N
E D T R E N N Y G S I L I I A
S O E E R B D U A B J R O A S
C R O W D I E Q J C H I B A K
```

◊ ABERDEEN ANGUS

◊ ANSTER

◊ BAUD BREE

◊ BROSE

◊ BUTTERIES

◊ CABOC

◊ CLAVA BRIE

◊ COCKALEEKIE

◊ CORRA LINN

◊ CROWDIE

◊ DRAPPIT EGGS

◊ GIGHA CHEESE

◊ HAGGIS

◊ HAIRST SOUP

◊ HOWTOWDIE

◊ KILMENY KAIL

◊ LORNE SAUSAGE

◊ MINCED COLLOPS

◊ POTTIT HEID

◊ ROWIES

◊ SCOTS OATCAKES

◊ SKIRLIE

◊ SODA SCONES

◊ SOWANS

Soldiers and Warriors

```
Z L H R E H T U R T S N A M E
R L G A W V P R E M S O H A C
N B A R B A S L A J C N H C A
C M W G A Y C C O U V O H K L
O O R O L H D M V D T S W E L
C R U D O O A R O N N S V N A
K A O D N D N M K M K A M Z W
B Y F A L L E Y L A D F R I H
U B L R I C A M P B E L L E J
R D A Y A K C A M E R O N O V
N A B A Q S T G E U O J N K N
W I H L E V E N R M N E A F H
Y L A G S C U R C V S R V I M
G N I L R I T S E M Y O O F P
C Z G I C O C H R A N E A A E
```

◊ RALPH ANSTRUTHER

◊ GILBERT BALFOUR

◊ DAVID CAMERON

◊ NEIL CAMPBELL

◊ ARCHIBALD COCHRANE

◊ NINIAN COCKBURN

◊ TAM DALYELL

◊ FRANCIS FASSON

◊ SIMON FRASER

◊ JAMES GRAHAM

◊ DOUGLAS HAIG

◊ JOHN PAUL JONES

◊ ALEXANDER LEVEN

◊ HECTOR MACDONALD

◊ HUGH MACKAY

◊ COLIN MACKENZIE

◊ HUGH MERCER

◊ ANDREW MORAY

◊ ROBERT MUNRO

◊ THOMAS RANDOLPH

◊ DAVID STIRLING

◊ CHARLES EDWARD STUART

◊ WILLIAM WALLACE

◊ ANDREW WOOD

```
E N O T R E P P A L C T E R H
X A U A L L E D A C A I C Q Y
R E R S Z U A B E R N E T H Y
I C C V X W D K Y E G N X U O
S Q G S E I Z N E M E T C T D
D U P N K R E Y R L M S L C W
O D G P W I B E G C O E A H N
O A A S D X L N J H S R I I O
G R A R T L T D T R S R N S T
K N O A I A O U D I M O G O A
K W P A P U R O Q S A F K N P
F C V E G W U K A T N T Y T M
O L A L N J L O C I N C M E Y
N N A L C N K W H E P B U R N
K S Y M B R Y D O N E P O J U
```

◊ THOMAS ABERNETHY

◊ CRISPIN AGNEW

◊ SAMUEL BLACK

◊ PATRICK BRYDONE

◊ FRANCIS CADELL

◊ ELLA CHRISTIE

◊ HUGH CLAPPERTON

◊ WILLIAM DOUGLAS

◊ GEORGE FORREST

◊ SANDY GLEN

◊ HARRY GOODSIR

◊ BONAVENTURE HEPBURN

◊ ISOBEL HUTCHISON

◊ ALEXANDER LAING

◊ EVELYN MCNICOL

◊ ROBERT MOSSMAN

◊ ARCHIBALD MENZIES

◊ WALTER OUDNEY

◊ MUNGO PARK

◊ JAMES PATON

◊ MARGARET PENNY

◊ JOHN RAE

◊ ELIZABETH STARK

◊ JOCK WORDIE

Conan Doyle Characters

```
Y K M K M B A B K E U R U S M
G P N H E M O R I A R T Y U C
R O X T O N A O E E E E I H N
X N A A C T B K D S F Y S X V
R B H J S C H W A N I Q H A U
E K J M P A N Y R I B G A C J
I V T S N A R A T G L A R Q Q
R O U F P O B H S G R Y K R F
R Z T T O K S S E I T E Y E Q
E S Z L A R E D L W R N L T R
F S V D O T C R U O W E O N H
R E L D A H V Y O H Y D R U D
K N P I K E S M M S A L I H X
K O N K C O L R E H S E N S R
I J B A L D W I N F M S G N H
```

◊ IRENE ADLER
◊ DOST AKBAR
◊ HENRY BAKER
◊ TED BALDWIN
◊ JOHN FERRIER
◊ EURUS HOLMES
◊ MYCROFT HOLMES
◊ SHERLOCK HOLMES

◊ MRS HUDSON
◊ VIOLET HUNTER
◊ ATHELNEY JONES
◊ ABDULLAH KHAN
◊ JACK KNOX
◊ INSPECTOR LESTRADE
◊ SIR NIGEL LORING
◊ AGAR MOORE

◊ JAMES MORIARTY
◊ LANGDALE PIKE
◊ LORD ROXTON
◊ SELDEN
◊ CAPTAIN SHARKY
◊ MAJOR SHOLTO
◊ LYSANDER STARK
◊ WIGGINS

Famous Glaswegians

```
M E R R M L I D B I D H Y C L
T H I U E I T P F R C I M R L
A Q H I S U L E E N B A N A E
P R T V W R R L Y A C O L N R
Q C Y S L G E L E G S L M S R
H M S B U E A K R R E G S T U
R P R S H U F E E B Y J F O B
E I O W O Q G D P M O M M N Y
D N F S V O N M G V M A H B T
A K O I R E A S O P R C B A R
E E I M H C R C L T J N R I E
R R V P F W A R E R S A U R H
K T S S T A A L A T U I C D C
N O E O F T L B R M H R E M O
I N F N E T E S M A C L E O D
```

◊ JOHN LOGIE BAIRD

◊ JACK BRUCE

◊ WILLIAM BURRELL

◊ MENZIES CAMPBELL

◊ KATE CRANSTON

◊ TOMMY DOCHERTY

◊ ALEX FERGUSON

◊ BILL FORSYTH

◊ ARTHUR HENDERSON

◊ ARCHIBALD LEITCH

◊ BENNY LYNCH

◊ NEIL MACGREGOR

◊ ALLY MACLEOD

◊ HERBERT MACNAIR

◊ ANDREW MARR

◊ LENA MARTELL

◊ MICHELLE MONE

◊ DAVID MOYES

◊ WILLIE MILLER

◊ ALLAN PINKERTON

◊ EDDI READER

◊ RONNIE SIMPSON

◊ JIM WATT

◊ MORTIMER WHEELER

Saints

```
C H A L E O S C H M Y L L N G
O T R I D U A N A W P Z L A R
L R F L M Y A E P L Q Z U E A
U E E R W I L L I A M L T I H
M B U G E R E C R C O L G V C
B H J N U S P S L M F T O L A
A T U B I L T U O Z U L S I M
Z U A A V N U E Z G D H S G H
Q C J B C U I S R R Q S E O N
F U A K M A U A O A F T K N A
N D V U N N H S N I G E B H H
Y A N D G Z T T L T O R L O T
K G R A E A U L U M C N A J A
O E M D N U A E P D L A N M C
W Z K C O N R A M K O N E I V
```

◊ ANDREW

◊ BLANE

◊ CATHAN

◊ COLUMBA

◊ CUTHBERT

◊ DROSTAN

◊ DUTHAC

◊ FILLAN

◊ JOHN OGILVIE

◊ KESSOG

◊ MACHAR

◊ MAEL RUBA

◊ MAGNUS

◊ MARGARET

◊ MARNOCK

◊ MOLUAG

◊ MUNGO

◊ NINIAN

◊ ODRAN

◊ REGULUS

◊ SERF

◊ TERNAN

◊ TRIDUANA

◊ WILLIAM

Missionaries

```
A C B H F N N O T R E K N I P
H T R O F H S U R O W N S L H
C I A D U V R N A L R O M M E
H W B G D F A S U Y G A O A N
A T E T G H L I T A N L N C R
M D R R C E E U S T D I A K U
B R C A S Z R B E H H L N E T
E P R S P I B L A O O O A N H
R T O E A D L M O M C H H Z Q
S R M L K A K R J S G Q C I U
M Y B C E N E G E O D T U E I
C O Y F W S I V J N S K B U S
N K W D A O T M C L A R E N T
A F G R C N H A I N I N G R T
B F F G N I M E L F V E R D M
```

◊ FATHER ABERCROMBY

◊ JAMES BLAIR

◊ CLAUDIUS BUCHANAN

◊ OSWALD CHAMBERS

◊ LOGIE DANSON

◊ ALEXANDER DUFF

◊ ARCHIBALD FLEMING

◊ DONALD FRASER

◊ JANE HAINING

◊ GEORGE KEITH

◊ ISABEL KERR

◊ ELIZABETH MANTELL

◊ CHARLES MACKENZIE

◊ AGNES MCLAREN

◊ DUNCAN MCNAB

◊ J H OLDHAM

◊ ROBERT PINKERTON

◊ WINIFRED RUSHFORTH

◊ ALEXINA RUTHQUIST

◊ MARY SLESSOR

◊ IAN STRACHAN

◊ EDWARD STUART

◊ JOHN TAYLOR

◊ GEORGE THOMSON

Architects

```
F R C I A A T L E F Y F A T N
M E G G S D W L Q I B I F O O
S O I F T A J E B E W N S K A
A N R R E M T B S L Z P K Y R
L J N H W S G P M D M O O L I
G T O S A A V M D I L U R A A
U G T O R M L A S N N Z N V U
O S I T T S G C I G N S Q F Q
D H E N B Y A Y S E K P D N A
S U H I K A G N I F R A S E R
B G D C R D I D U M T U B I T
B H C A D K R Z C L K L V A L
I E I M S U W P O H C U A B B
G S T O P K U B R U C E N V W
I D H J L E C N E P S A N C E
```

◊ RICHARD ADAMS
◊ TOBIAS BAUCHOP
◊ WILLIAM BRUCE
◊ COLEN CAMPBELL
◊ RANDALL CLUNAS
◊ JOHN DOUGLAS
◊ DODD FIELDING
◊ MALCOLM FRASER

◊ THEODORE FYFE
◊ JAMES GIBBS
◊ ANDREW HEITON
◊ GARETH HOSKINS
◊ EDITH HUGHES
◊ CHARLES LAWRIE
◊ LESLEY LOKKO
◊ KATE MACINTOSH

◊ ROBERT MORHAM
◊ ARTHUR PAUL
◊ FERGUS PURDIE
◊ ARCHIBALD SIMPSON
◊ BASIL SPENCE
◊ DONALD STEWART
◊ RAMSAY TRAQUAIR
◊ CEDRIC YOUNG

Legendary Creatures

```
J U F R E H T I M A E S R R D
E M H A F K W G M E H D E P Z
E I N D S A I A E L C P V J W
S K S I E T C V S G A N L F H
S E R S S I A H C O L N U U T
E U L I E L L K A B U A W A I
L I A K E N L L B N O M V T S
G L T K I O J O I S M Y W H T
G Y C I F E O Z S H Y E R E A
U U O N E B S N L O G R M N C
N W I R R Y C O W N G G T I J
Y F D I C H P S L E A G E L H
D I E K Z R C E N Y M I R R C
N A L L E V A L C C Y B A A Z
C M J B O D A C H H E J N C L
```

◊ BIG GREY MAN	◊ FUATH	◊ PECH
◊ BODACH	◊ GHILLIE DHU	◊ SEA MITHER
◊ BOGLE	◊ GLAISTIG	◊ SELKIES
◊ BOOBRIE	◊ LAVELLAN	◊ SHONEY
◊ CARLINE	◊ MAGGY MOULACH	◊ TERAN
◊ CAT-SITH	◊ NESSIE	◊ URISK
◊ FACHAN	◊ NUCKELAVEE	◊ WIRRY-COW
◊ FINFOLK	◊ NUGGLES	◊ WULVER

Ian Rankin Characters

```
D M S E Z O N E K T I A Z W F
C R S E H O G A N F B O U L N
N U O E M E B O C H L H G L G
O R R F G L S B L U G O C P N
S R S T N D O M H E Y F W F M
T P T D I I N H J R H N R E O
A R N V R S L I A M F O U S R
W Y A L E M B E A V L V O M T
O D U V L F L C S B I F M D O
L E Q P P I R V U F G U L B N
L A K F M A H G B I H I I Q I
I F E A E K S C E A T R G D U
R A O V T G U F R C L A R K E
B C G X R G V P S U Z P T U U
C A F F E R T Y B E B F W O U
```

◊ PATIENCE AITKEN

◊ ERIC BAIN

◊ BIG GER CAFFERTY

◊ BRILLO

◊ JEAN BURCHILL

◊ SIOBHAN CLARKE

◊ DOCTOR CURT

◊ SHUG DAVIDSON

◊ GEORGE FLIGHT

◊ ALISTER FLOWER

◊ MALCOLM FOX

◊ STEFAN GILMOUR

◊ BOBBY HOGAN

◊ GRANT HOOD

◊ BRIAN HOLMES

◊ FATHER LEARY

◊ DEREK LINFORD

◊ JAMES MACRAE

◊ JACK MORTON

◊ BILL PRYDE

◊ DEBORAH QUANT

◊ JOHN REBUS

◊ GILL TEMPLER

◊ THOMAS WATSON

Pictish Scotland

```
I  I  S  Y  D  A  E  H  G  R  U  B  Y  I  P
M  E  U  R  Q  T  T  U  S  M  O  L  U  A  G
R  D  G  T  H  A  C  K  S  I  L  V  E  R  A
A  I  N  S  N  A  I  N  I  N  T  S  E  E  S
H  R  E  I  L  F  V  I  T  R  I  F  I  E  D
C  B  O  N  E  L  C  E  A  A  N  O  B  M  O
U  M  J  A  C  R  L  G  O  T  I  R  A  B  A
K  L  Z  T  A  P  O  N  Z  A  L  T  L  P  B
W  H  M  N  A  R  E  J  A  I  P  R  B  J  M
D  P  N  C  U  U  N  F  I  R  P  I  A  A  U
M  O  T  I  S  Z  Z  E  N  L  U  U  H  S  L
G  I  Y  L  W  E  Z  J  Y  A  D  G  F  B  O
P  N  A  N  M  O  D  A  N  D  O  H  E  H  C
D  U  N  N  E  C  H  T  A  I  N  D  M  C  Y
M  I  I  S  C  A  B  E  R  L  E  M  N  O  T
```

◊ ABERLEMNO

◊ ADOMNAN

◊ ALBA

◊ BEDE

◊ KING BRIDEI

◊ BURGHEAD

◊ CHARM STONES

◊ COLUMBA

◊ CRANNOG

◊ DAL RIATA

◊ DUN NECHTAIN

◊ DUPPLIN CROSS

◊ FORTRIU

◊ HACKSILVER

◊ MOLUAG

◊ NYNIA

◊ OENGUS

◊ OGHAM SCRIPT

◊ PITCAPLE

◊ ROGART BROOCH

◊ ST NINIAN'S ISLE

◊ SUENO

◊ TANISTRY

◊ VITRIFIED WALL

Sportswomen

```
G N N A G L O C C M N W G I N
U T W E G D U M P E F A E P I
E A Y A C L O M B L Z M O I T
M A G W H H W Y S U A G Z L R
H Y T I R S A E L H T G S O J
P N M L I B Y L A E N L N Y G
S J U L S H M R M I B E E V N
I A R I T J G C L E V C U R I
L H R A I L O R E S R L M D K
L C A M E R I E O L J S A R E
I A Y S S T M R C T E Y G O T
E T Y I S Q G O P L Q N L C W
N L E C P D H E O N E H Y C E
J A C K S O N W P R U P L M L
D B E H G I V D W Q E H E C L
```

◊ ELENA BALTACHA

◊ KATHY BUTLER

◊ PAULA CHALMERS

◊ ELISE CHRISTIE

◊ RACHEL CORSIE

◊ EILIDH DOYLE

◊ HELEN GRAHAM

◊ LADY MARY GROSVENOR

◊ ELSPETH HAY

◊ MONICA JACKSON

◊ ELLEN KING

◊ MARIA LYLE

◊ EILISH MCCOLGAN

◊ JILLY MCCORD

◊ MAGGIE MCELENY

◊ BELLA MOORE

◊ ANGELA MUDGE

◊ YVONNE MURRAY

◊ EDNA NEILLIS

◊ WINNIE SHAW

◊ ROSEMARY STIRLING

◊ STEPHANIE TWELL

◊ CAROLINE WEIR

◊ JOYCE WILLIAMS

The Capital

```
N I K S G S R A I R F Y E R G
Y S T D S S T C E C I L I A S
E L E N E O U S H E R S P P S
L M K O T L R P C E C Q A F R
R H R M A F L N D O R R A R U
E T A A G D V P T E L P C M H
V O M R N M Q T T I R L R C T
A O Y C O I A S A I A S U I R
W B A V N L A M N R M N K N A
Q L H P A E E C I O U U V A G
H O J G C N E N R O L C Z T W
M T S C T S D A I E M J S O U
L M U R R A Y F I E L D A B A
S U I O S J U T C A L T O N O
E N O C S A H N E W T O W N P
```

◊ ARTHUR'S SEAT

◊ BOTANIC GARDENS

◊ CALTON HILL

◊ CAMERA OBSCURA

◊ CANONGATE

◊ CLARINDA'S TEAROOM

◊ CRAMOND

◊ EASTER ROAD

◊ GREYFRIARS

◊ HAYMARKET

◊ MORAY HOUSE

◊ MURRAYFIELD

◊ NEW TOWN

◊ PARLIAMENT

◊ PRINCES STREET

◊ ROSS BANDSTAND

◊ ROYAL MILE

◊ SCOTT MONUMENT

◊ ST CECILIA'S

◊ STONE OF SCONE

◊ TOLBOOTH TAVERN

◊ USHER HALL

◊ WATER OF LEITH

◊ WAVERLEY

Scientists and Engineers

```
H B E C A C Y L V W E F W A Z
I O I O A Z C M L D A W N C W
R M H O D M I W R E F H A R O
E K C Y Y L E O Z E B Z S R K
T W T O L F F R A U L K P C T
A B I E I R E P O H W K O R N
W I R N E C U R B N Q R I O R
K D L H G N T L E N R F S E G
N L T I O C A R P U G S T S M
I U H S C C E H T K U S R K U
R W L L K Z U S N G W U O Q Y
D I A V A T J O R E A R R O L
W R E R T C T E R P R U M I M
K A F O O T F B G N I M E L F
F Q N R C T E I L L E M S A T
```

◊ WILLIAM ARROL

◊ HENRY BELL

◊ JOSEPH BLACK

◊ DAVID BREWSTER

◊ GEORGE BRUCE

◊ DON CAMERON

◊ DUGALD CLARK

◊ WINIFRED DRINKWATER

◊ PETER EWART

◊ ALFRED EWING

◊ MARY FERGUSSON

◊ ALEXANDER FLEMING

◊ ANDREW FRAZER

◊ THOMAS HOPE

◊ JAMES HUTTON

◊ CARGILL KNOTT

◊ ANDREW MEIKLE

◊ HUGH MILLER

◊ MARJORIE RITCHIE

◊ DANIEL RUTHERFORD

◊ ANNE SHAW

◊ HUGH SMELLIE

◊ ARCHIBALD STURROCK

◊ CHARLES WILSON

Excerpt from *Tam o' Shanter*
by Robert Burns

```
Y M B E T W E E N L M P E E K
W I R W A R M M G S E L I T S
K L O F T A O N E N I T T E G
S E W I D S I S E I L L I B F
R S S Y S S U L K Y E V A E L
E Q A E R W L G Y B O U S I N
T G S U S U P W E A R I N G
A N N T S T P N I G E B D M S
W I S V E A H L A T E V R W R
B R P H N E H I E M M W O R O
E E A Q A A R L N R P H U A B
T H L L P M I T O K D A T T E
A T S P I H E T S Z N R H H E
G A Y V W S S G N A L E Y C N
H G S Y A D T E K R A M E E T
```

When <u>chapman</u> <u>billies</u> <u>leave</u> the <u>street</u>,

And <u>drouthy</u> neebors <u>neebors</u> <u>meet</u>,

As <u>market-days</u> are <u>wearing</u> <u>late</u>,

And <u>folk</u> <u>begin</u> to tak the <u>gate</u>;

<u>While</u> we <u>sit</u> <u>bousin</u>, at the <u>nappy</u>,

And <u>gettin</u> fou and unco <u>happy</u>,

We <u>think</u> na on the <u>lang</u> Scots <u>miles</u>,

The <u>mosses</u>, <u>waters</u>, <u>slaps</u>, and <u>stiles</u>,

That lie <u>between</u> us and our <u>hame</u>,

<u>Whare</u> sits our <u>sulky</u>, <u>sullen</u> <u>dame</u>,

<u>Gathering</u> her <u>brows</u> like gathering <u>storm</u>,

Nursing her <u>wrath</u> to <u>keep</u> it <u>warm</u>.

The City of Glasgow

```
S A D N U D T R O P S F G E L
D C L Y D E B A N K B O Z N O
L N E D S R A E B W V F T Y C
K C E R B M U D Y A S I T T L
E X I R G R E E N A A N R N I
E K R W I O B X L N Y N R R G
L A D S M U Y T N P B I O A H
Y J D Q L E M I N E T E T C T
R N I I L A E R I A D S T I B
R W R N R S B D E I V T E L U
E S R K L O A R S K U O N R R
M A E A R M L G O Y O N R Z N
D T N R L D N F V G G Y O U Y
X D J O Y A J S R I A L W O C
A S P M L B M I L N G A V I E
```

◊ ANNIESLAND

◊ BEARSDEN

◊ BYRES ROAD

◊ CARNTYNE

◊ COWLAIRS

◊ CLYDEBANK

◊ DARNLEY

◊ DUMBRECK

◊ FINNIESTON

◊ GLASGOW GREEN

◊ GORBALS

◊ GOVAN

◊ LANGSIDE

◊ LIGHTBURN

◊ MERRYLEE

◊ MILNGAVIE

◊ MOUNT FLORIDA

◊ MUIREND

◊ POLMADIE

◊ PORT DUNDAS

◊ RIDDRIE

◊ ROTTENROW

◊ SALTMARKET

◊ YOKER

Breweries

```
E P G C S R E E B E C R E I F
K E O J H O U S T O N T U W Y
E U D R I H J Y T Z O L E R N
L O W P L T A J B P O L R E E
B L E B L A T V N L L Q T R A
U D R E I E U I A P C A C Z L
R W B L N B T R A L G M S Q E
N O T H G U O R B Y H W M M S
S R D A A S K C R Z O A D P W
M T E V E T Z D C U I L L I N
K H E E S M A I L L I W J L J
Q Y S N B B K Z D E V A N H A
C A I R N G O R M C E W A N S
C B D V J S P E Y V A L L E Y
L Z E S I N C L A I R E J R O
```

◊ BEATH	◊ DEVANHA	◊ OLD WORTHY
◊ BELHAVEN	◊ DRYGATE	◊ SHILLING
◊ BREWDOG	◊ FIERCE BEER	◊ SINCLAIR
◊ BROUGHTON	◊ FYNE ALES	◊ SPEY VALLEY
◊ CAIRNGORM	◊ HOUSTON	◊ TINPOT
◊ COUL	◊ KELBURN	◊ VALHALLA
◊ CUILLIN	◊ LOLA ROSE	◊ WELLPARK
◊ DEESIDE	◊ MCEWAN'S	◊ WILLIAMS

Monuments and Memorials

```
G J A I A L L I H S G N I K J
L D R N I Y J A N U E C T I I
E E C G O R D O N T I B Y D L
N Y H L G U T M A R O M N E O
F A E I G P M G C Y G A U P O
I Y R S I N N L S A L R P I R
N H R L R O E B W T E B O P T
N P T I N E R E E H N L L E N
A A V A S I F H D H C E I R E
N T C N G H S O S R O S S A L
J O F A P U G F R Y E J H L G
A N D H G T L Q J M V B M P M
K E Q A F T O B Y L K N A H S
U C V R F O U N T A I N P A M
T V E B G N P R T Y Y B S Z Z
```

◊ BARONY POLISH MAP

◊ BILL SHANKLY PLAQUE

◊ BOYS' BRIGADE MEMORIAL

◊ BRAHAN SEER

◊ CANONGATE MOOR

◊ CIRCLE OF TIME

◊ CRAIGENTINNY MARBLES

◊ ELSIE INGLIS HOSPITAL

◊ FOUNTAIN GARDENS

◊ FYRISH ARCH

◊ GLASGOW CENOTAPH

◊ GLENCOE MASSACRE

◊ GLENFINNAN MONUMENT

◊ GLEN TROOL MARTYRS' TOMB

◊ GLOUP DISASTER

◊ GORDON TOMB

◊ HUTTON GARDEN

◊ KINGSHILL MINERS

◊ MUSSELBURGH ARCHER

◊ OUR LADY OF ABERDEEN

◊ PIPER ALPHA

◊ REFORM COLUMN

◊ THE SHETLAND BUS

◊ THOMAS LIPTON'S GRAVE

Old and Famous Schools

```
N U O T S N O D R O G W G E P
D S W L G U T O S T O I R E H
V C S D I P V M W G N V S F N
A C K C R H B G S N I T I R C
B D A I A D C A S C M N U O S
E N Y B L A L O T A A B M D N
R O Y A L G Y O R L E P D R O
D M F P O V R G L S A R E U S
E L E U D I A A O S B I R M I
E A T O A R H L S E T Y S D R
N N T R E T C N L T B Q K U R
Y E E T A Q E M C D O L I A O
Y L S L O M O N D G T N N N M
P G H J V N B E L H A V E N Q
Y I Q H T V B L O R E T T O U
```

◊ ABERDEEN GRAMMAR

◊ ALBYN

◊ BELHAVEN HILL

◊ BELMONT

◊ CLOSEBURN

◊ COMPASS SCHOOL

◊ DOLLAR

◊ DRUMDUAN

◊ FETTES COLLEGE

◊ GEORGE HERIOT'S

◊ GLASGOW ACADEMY

◊ GLENALMOND COLLEGE

◊ GORDONSTOUN

◊ KILGRASTON

◊ LATHALLAN

◊ LOMOND

◊ LORETTO

◊ MARY ERSKINE

◊ MORRISON'S ACADEMY

◊ OCHIL TOWER

◊ QUEEN VICTORIA

◊ ROYAL HIGH

◊ ST MARGARET'S

◊ TROUP HOUSE

```
D N E D N E E R G C O T C P U
K O C R A O G R T L N R R B J
A M R J E N M E W O N Q E E Z
D H D I M T G I L U A O T D G
S G I O C G R E T D H Y N I R
M W M L E E S K P C A F U S A
E E R S A L R S E L H L H C N
D L A L I A D E C L M E L I I
D L I E P N R L J L L T L P T
U S D J E H J O U R N A L L E
M X C L T N A N R E T T S E G
X O A E N I D R A C N I K D E
Y C M H T E P M U R T C L X T
S P A R T A C U S G X U J Z L
N J O U R N A N A I S R E P L
```

◊ ABERDEEN JOURNAL

◊ CALENDS OF CAIRO

◊ CLAY

◊ CLOUD HOWE

◊ DORIC SPEECH

◊ GAY HUNTER

◊ GREENDEN

◊ GREY GRANITE

◊ H G WELLS

◊ HANNO

◊ HUGH MACDIARMID

◊ KINCARDINE

◊ LOST TRUMPET

◊ MITCHELL

◊ MUNGO PARK

◊ OLD LESLIE

◊ PERSIAN DAWNS

◊ SEGGET

◊ SMEDDUM

◊ SOCIAL REALISM

◊ SPARTACUS

◊ ST TERNAN

◊ THIRTEENTH DISCIPLE

◊ THREE GO BACK

Comedians

```
Z Y A R R U M R E H S I F V N
E Z D S E G D I R B S O Y N H
R U Y E L D O G Y L R N A I W
E H I L L A C O N N O L L Y
L L A O O B T T R X C S U Y R
T M A G B C R I L R S E A C X
U Y A R B E O E I W A Y C O W
C N O O Z I A P M A L C A R F
T W Y Z S K Z T S N J Z M B U
N D D A G I I Y T T E D B E L
V I E F A A Y A A I I R C T T
F S N Q R B M K G H E C C T O
C D N N A M L A C E S G K V N
M B E F Z C O T E L Y O B J J
Z V K Q A D N A C X P E H Y K
```

◇ PETER BAIKIE	◇ BILLY CONNOLLY	◇ CRAIG HILL
◇ JOHNNY BEATTIE	◇ KATE COPSTICK	◇ PHIL KAY
◇ FRANKIE BOYLE	◇ RONNIE CORBETT	◇ JIMMY LOGAN
◇ RORY BREMNER	◇ IVOR CUTLER	◇ GORDON KENNEDY
◇ KEVIN BRIDGES	◇ GREGOR FISHER	◇ FRED MACAULAY
◇ JANET BROWN	◇ RIKKI FULTON	◇ JACK MILROY
◇ SUSAN CALMAN	◇ RICHARD GADD	◇ CHIC MURRAY
◇ WALTER CARR	◇ JANEY GODLEY	◇ OMAR RAZA

Scottish Plant Names

```
E E E U X S T O O F W O R C R
N I X Z J N O X I L V C H X S
T B S L E E P I E S P L U F F
L B S K H V S N F W P M W I L
I A A T E A R T S E L D N I W
N J E F E O H K I A L K N G I
A O K M C N C E H C G G S O F
R X I T U U N J G E K D O R L
I Y P P R G T O K B S Y E S A
C F L U M R G X B N E L M E M
H C O V E A E I E E T G U I E
H S L W Q P C X N R U M Y D I
E N A B T I N K Y S X L T D K
D L Y C O L U M B I N E B E N
B S T I N K I N T A M X I L D
```

◊ HAREBELL <u>BLAWERT</u>

◊ <u>BLUEBONNETS</u>

◊ BOG <u>MYRTLE</u>

◊ <u>COLUMBINE</u>

◊ DOUNY <u>LING</u>

◊ <u>DULSE</u>

◊ DWARF <u>CORNEL</u>

◊ <u>GORSE</u>

◊ <u>HEG-BEG</u>

◊ <u>JABBIE</u> NETTLE

◊ <u>KNITBANE</u>

◊ <u>LEDDIES</u> FINGERS

◊ <u>LINARICH</u>

◊ MOUNTAIN <u>AVENS</u>

◊ MOSS <u>CAMPION</u>

◊ <u>MUGGINS</u>

◊ <u>FLAME</u> FLOWER

◊ <u>PLUFF</u> GRASS

◊ <u>SLEEPIES</u>

◊ <u>SOURUCKS</u>

◊ <u>STICKY</u> LADDIE

◊ <u>STINKIN TAM</u>

◊ WATER <u>CROWFOOT</u>

◊ <u>WINDLESTRAE</u>

Orkney and Shetland

```
H E X A S C S U N G A M T S X
E G Y L L A W G N I T P C X S
Z L R E O G E L S I R I A F K
O A D I S L L I H C R U H C M
E C U D M N K W T B L F E T S
S O C C E O A V Y A A Y I E V
T T R X P H N B B E P E S R Y
K J R P S W M D Y Q L B O O A
C B Y O H F O N A M D L O T R
I R E C N I Y J O E G A M N T
W U L S A S R N A I L A T I S
D N N O K A A H N Q A E D L E
N T O C B N Q Y E E Y X M A W
A O W A S B I S T E R K O B G
S N S U M B U R G H Q T T H I
```

- ◊ BALINTORE
- ◊ BLACK PATIE
- ◊ MARY BRUNTON
- ◊ CHURCHILL BARRIERS
- ◊ EARLS PALACE
- ◊ FAIR ISLE
- ◊ JO GRIMOND
- ◊ KING HAAKON

- ◊ HEDDLE
- ◊ HOXA
- ◊ ITALIAN CHAPEL
- ◊ MOOSIE TOWER
- ◊ OLD MAN OF HOY
- ◊ ORPHIR
- ◊ SANDWICK
- ◊ SCAPA FLOW

- ◊ ST MAGNUS
- ◊ STRONSAY
- ◊ SUMBURGH
- ◊ TINGWALL
- ◊ WASBISTER
- ◊ WESTRAY
- ◊ YELL
- ◊ YESNABY

```
K C A R C N O D R O G S I R S
C B O D I E S J E S T J I N T
N M F A L D M C D A R D R Z I
M A M I J E I N R N A U H N L
N O T C F V N S U A B E D A L
D E F R I E T A M G J E P D L
K K K F A R E F O I D S D R I
I B Q O U T N Q W N N B Q O F
C O Z C R R T G A N H R O J E
K Z K F P B D R M A J I V D S
B A R N S F T N B R P A L J S
A N P E I S Z Y A B G W Q L O
C S E N E G D E A D B E A T R
K V A Y U N I O N J A C K O C
C L E A N S K I N A B T J J C
```

◊ *A DARKER DOMAIN*

◊ ALLIE BURNS

◊ *BLUE GENES*

◊ *BODIES OF EVIDENCE*

◊ KATE BRANNIGAN

◊ *BROKEN GROUND*

◊ DAN DRUFF

◊ *CLEANSKIN*

◊ *COMMON MURDER*

◊ *CRACK DOWN*

◊ *CROSS AND BURN*

◊ *DEAD BEAT*

◊ FIFE

◊ *FINAL EDITION*

◊ LINDSAY GORDON

◊ TONY HILL

◊ *INSIDIOUS INTENT*

◊ CAROL JORDAN

◊ *KICK BACK*

◊ *STAR STRUCK*

◊ *STILL LIFE*

◊ *STRANDED*

◊ TARTAN NOIR

◊ *UNION JACK*

```
S F P F C L L F F N H S F M Q
P U N O S W H G A S A E B U G
S O R C H A C N Z R S O T G A
A A A I R A H M E I M N O F V
H J D N I D A O A E D A S E I
T B Q T P E D R A I L G P N N
E Y R F S E I N Z K A I H I A
P M F I I O O T C T A W A T L
S A E L M I E J M O R A G S E
L P I T R R Z G T T D L R R I
E D O T A A A N O I F P I R
H E A G D S E T M I T X S A U
L C R E A M X R O B I N A C M
A A L E S L E Y L I N D S A Y
M W T E E U Y L E B A R A B V
```

◊ AILEEN	◊ ELSPETH	◊ MHARI
◊ BARABEL	◊ ESME	◊ MOIRA
◊ BEASAGH	◊ FIONA	◊ MORAG
◊ CAIRSTINE	◊ GAVINA	◊ MURIEL
◊ CAIT	◊ LESLEY	◊ ROBINA
◊ CATRIONA	◊ LINDSAY	◊ SEONAG
◊ CORA	◊ MAESIE	◊ SORCHA
◊ EILIDH	◊ MARGARET	◊ TEASAG

Pop Bands

```
T E S S I V A R T P R B L P X
W S R D Y S U M M E R H I L L
Q O E T A M P L I F I C O A L
U L L I W A T E R B O Y S I S
A C L B S D E A C O N T S A I
E O O B P Z X S O O Y O X W M
T S R A I F A R U N R I G G P
C S A R H H S R Y H H Y K O L
O C K G I D L E W I L D K M E
C R N F E S L I T T L E E Y E
S E H C R V H C K Z Y Z N J M
Y A T T O Z S Z L Z N N M H S
F M K Z T C R A N Y A A M I P
X C Y J A V Z N L D R Q R J V
D E L A M I T R I G U O X F A
```

◊ AMPLIFICO

◊ AZTEC CAMERA

◊ BAY CITY ROLLERS

◊ BIFFY CLYRO

◊ CHVRCHES

◊ CLOSE LOBSTERS

◊ COCTEAU TWINS

◊ DANNY WILSON

◊ DEACON BLUE

◊ DEL AMITRI

◊ FRANZ FERDINAND

◊ FRIGHTENED RABBIT

◊ GLASVEGAS

◊ HIPSWAY

◊ IDLEWILD

◊ LITTLE EYE

◊ MOGWAI

◊ PRIMAL SCREAM

◊ RUNRIG

◊ SIMPLE MINDS

◊ SUMMERHILL

◊ TEXAS

◊ TRAVIS

◊ WATERBOYS

Clan Names – Part Two

```
D L A N O D E S D O C G V B O
U T B C B S E R L I D H O M E
U J C B O N Q L A O A R X A J
B R V R N V O X O E S C E K W
V H Q I L R M W Q F V E N G V
N S Q U D C E S N W R G I I C
H A T E H N D N A C L A K L K
Q P P M I A O N A L E G S L B
S C O T T G R M A R G O R E A
V S K E R R E T M L H U E H R
O Y T J R R C N H U T C O E C
R B Q B O L P S R R R I O D L
D J N N M C J H L A T D A C A
S E M P I L L A U M C X Z M Y
R A M S A Y F W N A C N U D R
```

◊ BARCLAY

◊ CAMERON

◊ CARNEGIE

◊ COCHRANE

◊ DONALD

◊ DOUGLAS

◊ DRUMMOND

◊ DUNCAN

◊ ERSKINE

◊ FRASER

◊ HOME

◊ INNES

◊ KERR

◊ KINCAID

◊ MAITLAND

◊ MAKGILL

◊ RAMSAY

◊ ROLLO

◊ ROSE

◊ SCOTT

◊ SEMPILL

◊ SHAW

◊ URQUHART

◊ WOOD

Statues

```
D N A L H G I H Q R B C C D M
N F T W C R B R U C E T Z O T
H E K E I T H A W U O T K G E
E I N N I M H W P A T O B G M
G N C S O H U E Z S L P P R I
L E O F W N M D P O F G S E G
O C F T S O E U W O O L D Y R
Y A T P S T D E R R B H I F A
T L J K E N W I D W T M A R N
M L C M I T H O W U G C M I T
O A E E C S N O V L R N R A S
B W T P N L A B J L E E I R N
I S M E R M A I D I I I A S T
L O C H A B E R A E G L F Z U
M Z L O V N L I K N E L G C O
```

◊ ROBERT BRUCE

◊ JIM CLARK

◊ DAVIE COOPER

◊ DONALD DEWAR

◊ EMIGRANTS

◊ FAIR MAID OF PERTH

◊ GLENKILN KING AND QUEEN

◊ GORDON OF KHARTOUM

◊ JOHN GREIG

◊ GREYFRIARS BOBBY

◊ HIGHLAND MARY

◊ DAVID HUME

◊ JIMMY JOHNSTONE

◊ DENIS LAW

◊ LOCHABER COMMANDOS

◊ BILLY MCNEILL

◊ MARSHALL KEITH

◊ MERMAID OF THE NORTH

◊ MINNIE THE MINX

◊ MOFFAT RAM

◊ OOR WULLIE

◊ JOCK STEIN

◊ WILLIAM WALLACE

◊ WIDOWS AND BAIRNS

Poets

```
Z N A E L C A M P J D B I O Y
A N A G R O M S L U M S D E N
N L F V D M A C N W O R B L H
L L V R D O M A C B E T H L W
C A O U L A U Q G I Y Q V A A
H H H O G H V N M M C R Y G E
M K C B I E A K A A Q L O A S
C C P R A L W C L L E B N P
M A D A C G D D E U I S R O A
S L S B C I E I B L V U U G T
G B Y P A R M N L K B N C C E
D L V R M A R I F C A Z E M R
E U M L J U A N G U O Y D V S
T I N J T B F L Y N D S A Y O
D O U N B L I N D H A R R Y N
```

◊ HELEN ADAM

◊ JOANNA BAILLIE

◊ JOHN BARBOUR

◊ SHEENA BLACKHALL

◊ BLIND HARRY

◊ THOMAS BROWN

◊ MICHAEL BRUCE

◊ RABBIE BURNS

◊ LORD BYRON

◊ ANGUS CALDER

◊ DOUGLAS DUNN

◊ KATHLEEN JAMIE

◊ JACKIE KAY

◊ ANDREW LANG

◊ RODDY LUMSDEN

◊ DAVID LYNDSAY

◊ GEORGE MACBETH

◊ NORMAN MACCAIG

◊ HUGH MACDIARMID

◊ WILLIAM MCGONAGALL

◊ SORLEY MACLEAN

◊ EDWIN MORGAN

◊ DON PATERSON

◊ GAEL TURNBULL

Stage and Screen – Part One

```
O C O N A R O N B U N N R A G
M A Z A L A J V O N M V N N M
S R V C H J N Z Y I V C M D A
O L C N V U S N D K O D A E D
C Y Q U Z I S E N N C H S R D
E L R D W Z P S A A O E Z S E
Y E L E T I H W L R R I D O N
D C L C R E E I L Y R L N N G
M L R I M S T N U M I B N D X
S I S W T R G T M B F R A O S
L B S W Y I C O O B D O C O Z
G U O O L F O N N U T N C K C
T O J L C H N U F H C H M E V
D W A K M A T F Z J E F D I P
A N M T R B I S O I Y L B R T
```

◊ RONNI <u>ANCONA</u>

◊ RONA <u>ANDERSON</u>

◊ MARK <u>BONNAR</u>

◊ BILLY <u>BOYD</u>

◊ ROBERT <u>CARLYLE</u>

◊ TOM <u>CONTI</u>

◊ ADRIENNE <u>CORRI</u>

◊ JAMES <u>COSMO</u>

◊ BRIAN <u>COX</u>

◊ STEVEN <u>CREE</u>

◊ BLYTHE <u>DUFF</u>

◊ LINDSAY <u>DUNCAN</u>

◊ KAREN <u>GILLAN</u>

◊ VIVIEN <u>HEILBRON</u>

◊ ANDREW <u>KEIR</u>

◊ GARY <u>LEWIS</u>

◊ RICHARD <u>MADDEN</u>

◊ RORY <u>MCCANN</u>

◊ PETER <u>MULLAN</u>

◊ RICHARD <u>RANKIN</u>

◊ ALASTAIR <u>SIM</u>

◊ TILDA <u>SWINTON</u>

◊ KAREN <u>WESTWOOD</u>

◊ JON <u>WHITELEY</u>

```
I  K  B  R  E  G  N  A  T  S  H  N  S  A  N
F  A  G  E  R  S  O  N  I  G  E  T  Z  P  O
S  H  H  B  U  L  L  O  C  H  H  N  I  S  D
N  T  A  P  A  T  E  R  S  O  N  T  I  M  K
A  E  S  T  H  G  I  R  W  N  I  A  W  H  S
E  L  T  E  B  T  I  R  V  I  N  E  D  G  A
D  F  I  L  N  B  I  G  G  A  R  N  S  R  D
M  E  N  J  R  L  V  A  W  V  A  M  M  E  E
A  R  G  R  S  A  I  A  T  L  B  S  B  N  G
C  E  S  E  L  G  L  M  T  N  T  L  E  C  R
L  M  I  D  U  D  R  I  L  R  V  T  A  F  I
A  F  M  L  I  F  A  J  O  H  V  S  T  C  V
G  J  S  A  S  M  A  N  W  O  E  I  T  U  K
A  T  L  C  J  E  G  L  H  G  B  V  I  A  U
N  R  U  S  S  E  L  L  O  G  R  V  E  H  K
```

◇ GARY ARMSTRONG

◇ JOHN BEATTIE

◇ ALISTAIR BIGGAR

◇ ANGUS BLACK

◇ GORDON BULLOCH

◇ FINLAY CALDER

◇ COLIN DEANS

◇ ZANDER FAGERSON

◇ GAVIN HASTINGS

◇ NATHAN HINES

◇ STUART HOGG

◇ ANDY IRVINE

◇ ROY LAIDLAW

◇ DAVID LESLIE

◇ BILL MACLAGAN

◇ SEAN MAITLAND

◇ IAIN MILNE

◇ CHRIS PATERSON

◇ FINN RUSSELL

◇ IAN SMITH

◇ TONY STANGER

◇ ALAN TAIT

◇ JIM TELFER

◇ ROB WAINWRIGHT

Clyde-built HMS Warships

```
B I D I J V Z U U B K R C T A
V D R J S E M V O Q Z E N U S
V K N O N M E M A G A P J A U
D G N I A M R C A F S U B N O
U H T L B M M V M W P L D O M
N H S T I S A Q O I O S A G O
C M O J E R I R T O B E R R N
A A F R V N D E D T D A I A E
N T A K M F R H B H U N N J V
V A O S I D O O R O R E G I T
L P L S S U C T H R A W I U D
I A H L N E L S O N T O B I G
R N A D Z M N C B M E R U J A
P A L A D I N A J H A R D Y H
A R E H C R A M V C D S C L Z
```

◇ AGAMEMNON	◇ HYDRA	◇ REPULSE
◇ ARCHER	◇ JUPITER	◇ ROWENA
◇ ARGONAUT	◇ MAORI	◇ SWORDFISH
◇ BLOODHOUND	◇ MATAPAN	◇ THORN
◇ DARING	◇ MERMAID	◇ TIGER
◇ DRUID	◇ NELSON	◇ VANESSA
◇ DUNCAN	◇ OBDURATE	◇ VENOMOUS
◇ HORNET	◇ PALADIN	◇ ZENITH

```
D Z N L I E T H E N R O Y V S
Y C R O M W E L L X T D A O C
Q C T O R D E A L N Y Z G N H
A A R O E I H L I Z M Z E E O
S N A A I P K M T W O B L I L
E A E R Z S W N I W X B T N A
P D H O E S L T E F O O S E R
A I I A D M C A X L N S A M E
C A L J N H E P N H B W C U P
S N Y P N N I M T D E E S J I
E K A W P E A U B A Z G V N S
U U A P N W B Y T E H G I U O
V V P A G R N H H O R U R X D
T J A Q A A E A R A B I N B E
M R O D S R H N A I D U A G S
```

◊ A BOOK OF <u>ESCAPES</u>

◊ KORE <u>ARABIN</u>

◊ SANDY <u>ARBUTHNOT</u>

◊ <u>BLENKIRON</u>

◊ <u>CANADIAN</u> <u>OCCASIONS</u>

◊ BENJI <u>FISH</u>

◊ <u>CASTLE GAY</u>

◊ OLIVER <u>CROMWELL</u>

◊ DAYS TO <u>REMEMBER</u>

◊ HERR <u>GAUDIAN</u>

◊ RICHARD <u>HANNAY</u>

◊ GREY <u>WEATHER</u>

◊ <u>ISLAND</u> OF SHEEP

◊ EDWARD <u>LIETHEN</u>

◊ LORD <u>MINTO</u>

◊ IVERY <u>MOXON</u>

◊ NAVAL <u>EPISODES</u>

◊ <u>ORDEAL</u> BY MARRIAGE

◊ PETER <u>PIENAAR</u>

◊ <u>SCHOLAR</u> GYPSIES

◊ SIX <u>HEART</u> RIVER

◊ HILDA <u>VON EINEM</u>

◊ LAUNCELOT <u>WAKE</u>

◊ <u>WITCH</u> WOOD

Royal Burghs

```
K I L R E N N Y A S E H T O R
N E A R L S F E R R Y E L T Y
D I M E U H C O N R O D D K A
P Y H S R T R I R L K T A I N
I Y S C N C H A O T V N C N F
T H B A E F U E H S R S N T O
T T B B R R L L R U Y O C O M
E A H G M T B E R G Q U S R K
N O N E B A M H C O L N P E I
W R I F O R R E S L S E A I R
E B S R E B O K E G E S N S K
E R R D V P T N M B O Y D C W
M A U K J I F A L K L A N D A
R A B N U D N E Z B H M O D L
L I N C U Q S E L C R A I L L
```

◊ ARBROATH	◊ EARLSFERRY	◊ LAUDER
◊ BRECHIN	◊ FALKLAND	◊ LOCHMABEN
◊ CRAIL	◊ FORRES	◊ PEEBLES
◊ CULLEN	◊ FORTROSE	◊ PITTENWEEM
◊ CULROSS	◊ IRVINE	◊ ROTHESAY
◊ DORNOCH	◊ KILRENNY	◊ RUTHERGLEN
◊ DUNBAR	◊ KINTORE	◊ SANQUHAR
◊ DYSART	◊ KIRKWALL	◊ TAIN

```
E A R T N A L L A B Z G H Z S
M W L P J Q V J Y K A E J K K
N A I B A R A W I H N V E I A
D I O G E N E S E L Z R M D I
W O S U A Y A A E T R A U N U
T D Z D Q R T Y S Y M N V A L
A O M A S H R T V I Y O A P A
N Q T N E Q I O E O Q L I P N
O P S R B V R H W L V D L E I
I L C L E E K D N A L S I D E
R A O S N R E E Y L Q O M R B
T I L A A H D O A L D N A I S
A N K M C A N A R A S G C D R
C S W A U E N R U O B S O Z F
F A B L E S S R E T T A U Q S
```

◊ *ACROSS THE PLAINS*

◊ AN OLD SONG

◊ *CATRIONA*

◊ DIOGENES

◊ *FABLES*

◊ HEATHERCAT

◊ WILLIAM ERNEST HENLEY

◊ VICTORIA KAIULANI

◊ *KIDNAPPED*

◊ MARKHEIM

◊ MOUNT VAEA

◊ *NEW ARABIAN NIGHTS*

◊ OLALLA

◊ FANNY OSBOURNE

◊ SAMOA

◊ SARANAC LAKE

◊ SKERRYVORE

◊ *ST IVES*

◊ *THE BLACK ARROW*

◊ *THE MASTER OF BALLANTRAE*

◊ *THE SILVERADO SQUATTERS*

◊ *TREASURE ISLAND*

◊ *VAILIMA LETTERS*

```
T H G I E R W S Z I H F Z F K
S O S R D E A D E F T S O O R
U S Z N A T A S B S A C O O L
I T A T A E R S R R E C J T Y
T A N T H S K R A Z D S O E T
M G A A H Q I O E N M A D R H
K E V S T A S T A K G W Q C M
D A A N E L B L R E A G L E S
J T R E P R S A L A S E F S U
Q R O B P I A F S D P C R M L
W E N C U J W C V C U I N B Y
K L E Z P U N A C O A R D N S
E A P N E D L O G A U C U Q S
Y F L O O D G A T E V U L O E
D E W O R R O B L R E S N E S
```

◊ *ATHABASCA*

◊ *BEAR ISLAND*

◊ *BORROWED TIME*

◊ *CAPTAIN COOK*

◊ *CARAVAN TO VACCARES*

◊ *CIRCUS*

◊ *CODE BREAKER*

◊ *DEATH TRAIN*

◊ *FEAR IS THE KEY*

◊ *FLOODGATE*

◊ *GOLDEN RENDEZVOUS*

◊ *HMS ULYSSES*

◊ *HOSTAGE TOWER*

◊ *ICE STATION ZEBRA*

◊ *PARTISANS*

◊ *PUPPET ON A CHAIN*

◊ *RED ALERT*

◊ *SATAN BUG*

◊ *SECRET WAYS*

◊ *SOUTH BY JAVA HEAD*

◊ *THE GUNS OF NAVARONE*

◊ *UNACO*

◊ *WHEN EIGHT BELLS TOLL*

◊ *WHERE EAGLES DARE*

Excerpt from *A Voyage to the South Sea* by Edward Cooke

```
C K H E G T S A L T P E R C P
O W R S P R D A E T S D E B T
M B G I D H A B I T A T I O N
P E R W K E E S G N I V A H A
A M O E I L H J S C B K D D S
N A U K E T E S A U T O P S A
Y S N I Q C P S I C W F I F E
V K D L W I H L C N K U D A L
R S I B T E T E O I R E I A P
E E N T H O N G S W H U T S S
H K U V C T E L T T E K F H E
T U M Y A H A R O W T R S O W
O D B M R N E L U S K C O R E
R J E C D F C N C L I M B E D
J L R M N I K S T A O G S G D
```

The <u>Duke's</u> boat went <u>ashore</u> to the <u>island</u> and found one Alexander <u>Selkirk</u> originally of <u>Lower</u> Largo in <u>Fife</u>, He was <u>clothed</u> in a Goatskin <u>Jacket</u>, <u>Breeches</u> and Cap, <u>sewed</u> together with <u>thongs</u> of the <u>same</u>.

Captain <u>Fry</u> bore him <u>company</u> to his habitation. <u>Having</u> with much difficulty <u>climbed</u> up and <u>crept</u> <u>down</u> many <u>rocks</u> he came at <u>last</u> into a <u>pleasant</u> <u>spot</u> of <u>ground</u>, full of <u>grass</u> and <u>furnished</u> with Trees, where he saw <u>two</u> small <u>Huts</u> indifferently <u>built</u>, the one being the lodging-room and the <u>other</u> the <u>Kitchen</u>. Mr Fry saw <u>likewise</u> his <u>Kettle</u>, <u>Spit</u> Bedstead and <u>Goatskin</u> bed, and a <u>number</u> of <u>tame</u> goats about his <u>habitation</u>...

J M Barrie

```
Y L T H G I L S N L T S P A V
I P M J O L L Y R O G E R G D
M D X O T Z N X G A T L T K E
L H Y H A O C K K E Z T I F N
G O J L O T K A R U W O N A I
N B S D L J B P N N V O K I T
I S L T G S A R X A N T E R O
L E H Y B N J S A I N S R I C
R T T T D O O H H E T E B E I
A A I I K Y Y C S S H K E S N
D R U L D L E S M T O U L R A
S I Q A B R Q U U A O J L R X
R P S U B U A T R R K N I B S
M C A Q X C R C H K I O D R Z
R Q M A I M I E T Y D N I R T
```

◊ AULD LICHT <u>IDYLLS</u>

◊ <u>BRECHIN</u> ROAD

◊ CAPTAIN <u>HOOK</u>

◊ CYNTHIA <u>ASQUITH</u>

◊ <u>CURLY</u>

◊ <u>FAIRIES</u>

◊ <u>JOLLY ROGER</u>

◊ <u>JUKES</u>

◊ LADY <u>NICOTINE</u>

◊ <u>LOST BOYS</u>

◊ <u>MAIMIE</u>

◊ <u>MRS DARLING</u>

◊ <u>MOAT BRAE</u>

◊ <u>NANA</u>

◊ <u>NIBS</u>

◊ <u>NOODLER</u>

◊ <u>PETER PAN</u>

◊ <u>PIRATES</u>

◊ <u>QUALITY</u> STREET

◊ <u>SLIGHTLY</u>

◊ <u>STARKY</u>

◊ <u>THRUMS</u>

◊ <u>TINKER BELL</u>

◊ <u>TOOTLES</u>

Popular Scottish Songs

```
T Q E C E I P Y L E E J M G Y
U E E R I T M H O D V I C T A
D I G N I T Y E M E N N B A L
T A R S H Y Y E O R Q A C P U
A I E P K P O D N S O I L A G
W N I A I Y E N D V M W T S N
A O D X N V E U Q G F I A W I
O D L G A E F D O R Q P O N M
N E O B R I U N E X G G Z E N
E L S H T C N W U P S T Y L E
R A T B W A O C F A P A D P K
E C A E B L P P L M N R N R I
W W S E F G F G E X O T A U A
S C O T S W H A H A E A C P Y
H D J U T E M I L L P N S A J
```

- ◊ AIKEN DRUM
- ◊ ALLY'S TARTAN ARMY
- ◊ A SCOTTISH SOLDIER
- ◊ CALEDONIA
- ◊ DARK ISLAND
- ◊ JOHNNIE COPE
- ◊ COULTER'S CANDY
- ◊ DIGNITY
- ◊ FITBA CRAZY

- ◊ FLOWER OF SCOTLAND
- ◊ I BELONG TO GLASGOW
- ◊ I'M GONNA BE
- ◊ LOCH LOMOND
- ◊ PURPLE HEATHER
- ◊ MINGULAY
- ◊ ROAD TO DUNDEE

- ◊ ROWAN TREE
- ◊ SCOTS WHA HAE
- ◊ SKYE BOAT SONG
- ◊ THREE CRAWS
- ◊ TIREE
- ◊ JEELY PIECE
- ◊ JUTE MILL
- ◊ WE'RE NO AWA

Counties

```
P A Y R S H I R E N F R E W K
F F N A B G I N S E L K I R K
S D O F H Q N P W P S Z E B W
Y D U P Y V T I E O W X F A A
Z Y K A V W O N L E T M G Z Q
R F R R O S S Y R R B G C N S
C O S D U L E D X I I L I S P
M R G G A N N I H O A T E W I
H F N N K A I G R L F N S S O
L A A R L I R G L F R B F E T
D R O T V U G Y L E M W J F W
K K E G B A G U V E T U B I A
Y H K X U R F N T K G Y D F J
S L O T A K I N C A R D I N E
I R U S E L S I N R E T S E W
```

◊ ANGUS	◊ FORFAR	◊ RENFREW
◊ ARGYLL	◊ INVERNESS	◊ ROSS
◊ AYRSHIRE	◊ KINCARDINE	◊ ROXBURGH
◊ BANFF	◊ LANARK	◊ SELKIRK
◊ BUTE	◊ MORAY	◊ SHETLAND
◊ DUMFRIES	◊ NAIRN	◊ STIRLING
◊ ELGIN	◊ ORKNEY	◊ WESTERN ISLES
◊ FIFE	◊ PEEBLES	◊ WIGTOWN

Fauna

```
E L B Y G R E E D E O R E R Z
Y A W O L L A G S Q E Z G X K
G D G O R D O N D A T I D Q D
H I X S L Y G E S B S S I U G
G N Q U C A T O Q L A P M G A
T M R G H E E S T S O P E N R
J O D N C G I S H T Y T C M R
L N I A I U U E Y E E T I A O
E T B V E Y L O M E T R R R N
R X O S E T H M R A R L G T J
R F R I I H O A L N I G A E S
I H D E Z O C U R D N V F N Y
U O E Q R I I N O E Q P O L D
Q I R I S N K E W K S V L L I
S M T T G Z T T J W S V D I E
```

◊ ABERDEEN ANGUS

◊ BELTED GALLOWAY

◊ BORDER TERRIER

◊ CASTLEMILK MOORIT

◊ CHEVIOT SHEEP

◊ DANDIE DINMONT

◊ GARRON

◊ GORDON SETTER

◊ GREY SEAL

◊ HIGHLAND MIDGE

◊ HEBRIDEAN GRICE

◊ LONGHAIR FOLD

◊ LUING CATTLE

◊ MOUNTAIN HARE

◊ ORKNEY VOLE

◊ OTTER

◊ PALMATE NEWT

◊ PINE MARTEN

◊ RED SQUIRREL

◊ ROE DEER

◊ ROUGH COLLIE

◊ SCOTS DUMPY

◊ SHELTIE

◊ SHETLAND PONY

```
I K N N D A I T N E L A V W N
P S T P O H U N T E R I A N Q
Q A S A K L C A L E D O N I A
S G R U N D E I N I D A T O V
U S K J R A N M O D A I L U J
T I D N D E V M A Y C W N C C
I T S B A E V E J C S H I O R
C T W U Q G A E D Z E C I S C
A O I N C T R C S M M O N A F
T C L P A A A I P I I D O C B
W S H E E I G U C I L R N R E
A U A R M V B L G O K A M O R
L M C A I V D U A S L O A H T
L I T C I P L R Z C C A D E H
B O C H A S T L E W P T J T A
```

◊ GNAEUS JULIUS AGRICOLA

◊ ARDOCH FORT

◊ BERTHA

◊ BOCHASTLE

◊ CALEDONIA

◊ CALGACUS

◊ CAMELON

◊ DAMNONII

◊ DEVANA

◊ JULIA DOMNA

◊ GASK RIDGE

◊ HADRIAN'S WALL

◊ HUNTERIAN

◊ LIMES

◊ LUGII

◊ MAEATAE

◊ ORCAS

◊ PICTI

◊ SCOTTI

◊ SEPTIMIUS SEVERUS

◊ TACITUS

◊ TAMIA

◊ VALENTIA

◊ VOTADINI

```
B S G L M L O C A M L I K V L
L J S L Q E N E I H S O T I E
Y D A I P I K O T T T L E A J
T N L H U H A S O Z S L C A I
H A I R T T M L D M O P P V O
S L B R E O T E L S N A E E D
W Y R A R B R S E A N L X N Z
O R A F A N E S A E N A A D I
O I R K G I B N S S A L G R Q
D A Y A R H O E U R T D M E F
H F T Y A C R G P O J A I S E
F E L Z M U F J C Y P L K C T
N O U V E A U S E D O M U S G
H K C I W S R E B L A W L E E
B M Z E R E N E T E L U O B S
```

◇ ART NOUVEAU

◇ ALLAN GLEN'S

◇ FARR COTTAGE

◇ AUCHINBOTHIE

◇ BOULETENERE

◇ BLYTHSWOOD

◇ DERNGATE

◇ DOMUS

◇ FETGES

◇ GSA LIBRARY

◇ HARVEST MOON

◇ HILL HOUSE

◇ IN FAIRYLAND

◇ JAPANESE STYLE

◇ LA RUE DU SOLEIL

◇ KILMACOLM

◇ ROBERT MACINTYRE

◇ MARGARET

◇ PALALDA

◇ PORT VENDRES

◇ SCOTLAND STREET

◇ STAINED GLASS

◇ TOSHIE

◇ WALBERSWICK

Rivers

```
P J M R F F K C N D A H C V C
L F A R R A R E L B E K J A J
L L E K Y O M D L L W H N S E
E E F F Y R G V M V T N K I S
T B S F P E Y S G E I I V C Y
E R Z R T Q D A V C L N A Y I
N I O W E A Y I H M E D Q L N
H O E N L Y O D A J D T K U R
V T R E Y T O L N L S H C A O
Y N I R N E U F E O J E O E H
T E O N A A V V L C M R N B D
E V E G G C H W P C A L R I N
I E D U N E A T O N F A A H I
T L F A S Y R Q E I A K G K F
H J P B C R H C O N D A L B I
```

◊ ALMOND   ◊ FARRAR   ◊ LEVEN

◊ BEAULY   ◊ FINDHORN   ◊ NETHAN

◊ BLADNOCH   ◊ FOYERS   ◊ NITH

◊ BRAAN   ◊ GARNOCK   ◊ OYKEL

◊ CANNICH   ◊ GRYFFE   ◊ SCADDLE

◊ CARRON   ◊ HELMSDALE   ◊ SOLWAY

◊ DUNEATON   ◊ KELVIN   ◊ TEITH

◊ EYNORT   ◊ KILMALUAG   ◊ TEVIOT

Birds and Beasts in Scots

```
L N D L L O J E E F X Q P D W
S P E U G U I P I T S V U P H
W O R G N K G P B U F B G N D
X Q O W C T Y N R G U F G A M
M W A U D S E H O Q T J Y T O
K R B Y E K A R C N R O C R O
C H R E D S T V E P E S P A S
L U O E K O E E I N T Z M P E
X R W X D L I I K W A H S O G
M C O O R D Q K O I Q I K B H
A H R E W T I L O O H E U O V
P E M O L E R E T T O D E F Q
P O M L L I B S S O R C D N R
I N S G K A R I S A N L F R A
E W W U K I N K C O D D U P N
```

◊ BUCKIE

◊ CORBIE

◊ CORNCRAKE

◊ CRAW

◊ CROSSBILL

◊ DEUK

◊ DOTTEREL

◊ DUNTER

◊ FUTRET

◊ GOSHAWK

◊ GOWK

◊ HOOLIT

◊ HURCHEON

◊ MAPPIE

◊ MERLE

◊ MOOSE

◊ MOWDIE

◊ PARTAN

◊ PUDDOCK

◊ PUGGY

◊ SELKIE

◊ SPEUG

◊ STOOKIE

◊ TOD

Bridges and Viaducts

```
G N U S K N U O T R E V O N K
L L B M T K C O S S E K B O C
M H E H T U O M E L A K L T U
E N A N E C A Z V T U F H S B
F N O C F G A C W L F G V E N
M Y I T A I D E U S W Z G M I
R E Z K R N N I T K U E F A K
D L N T S A A N R A S B F J N
A R Q I U R I H A B G E I S D
I E O J V M E R C N H N L S U
R V B F D L M H F A B G U Y N
S A L H X T E E K I L L I N K
I W R M O A Z K L N V C F H E
E N I O B A L G O W N I E W L
T L L I M E S U O M S Y A I D
```

◊ AWE

◊ BALGOWNIE

◊ CLACHAN

◊ DAIRSIE

◊ DUNKELD

◊ ERSKINE

◊ FRIARTON

◊ GLENFINNAN

◊ HIGHBRIDGE

◊ JAMESTON

◊ KALEMOUTH

◊ KELVIN

◊ KESSOCK

◊ KILLIN

◊ KINBUCK

◊ KYLESKU

◊ LAXFORD

◊ MORAR

◊ MOUSEMILL

◊ NUNGATE

◊ OVERTOUN

◊ SLUGGAN

◊ TUMMEL

◊ WAVERLEY

The Scottish Press

```
G T A P L S M N R E H T U O S
A E S S U I R U C R E M S O E
L J B E N Y Z H O F C N P O L
L A G U W R O R V S A J Z C P
O H N O E E S Y E T I M E S O
W Q I N S H Z Y I M V U C M E
A S N R A E M O O I R E P I P
Y A E Z U B N N R G E O I F J
B H V I D A T D A C K R F A J
H T E L L R A U L W A O B E S
E Y D R O I D S A F E D R V R
R S W S L I W T R D P T I V N
A L E Y E B N O J R S E T A W
L I S V A V F C C P S G O V N
D K E K P A A S G W K W N B S
```

◇ BELLSHILL _SPEAKER_

◇ _DAILY_ RECORD

◇ DEESIDE _PIPER_

◇ _EVENING_ EXPRESS

◇ _FORFAR_ DISPATCH

◇ _GALLOWAY_ NEWS

◇ GLASGOW _TIMES_

◇ _KILSYTH_ CHRONICLE

◇ _MERCURIUS_ _CALEDONIUS_

◇ _MONTROSE_ REVIEW

◇ PAISLEY _PEOPLE_

◇ _RUTHERGLEN_ _REFORMER_

◇ _SCOTS_ INDEPENDENT

◇ STRATHAVEN _ECHOES_

◇ THE ARRAN _BANNER_

◇ THE _GAUDIE_

◇ THE _MEARNS_ LEADER

◇ THE _NATIONAL_

◇ THE NORTH _BRITON_

◇ THE _ORCADIAN_

◇ THE _SOUTHERN_ REPORTER

◇ _WEST LOTHIAN_ _HERALD_ AND _POST_

Cuisine – Part Two

```
S T K C O N N A B G I D A E X
S I Y E I D W O S W O P J I C
E K C E O Q S T F N E D J T R
A D J A K V O S U M I C P T A
K E X R B V B B A R L L A A N
R T Y R I B K L R F A O R T A
A T J E A C I O A Q E O T I C
N A S R A L A E G E M T A T H
A H L L H T S S U E B I N S A
L E B S M O K I E S F E X E N
Y E E E K B L R Z U I S R E R
A U A O B I R F S O N M A R L
Z L J H H L N O V R N Q M P Y
C R A P P I T K S G A Q Q E N
B U C K I E S P P E N F G H F
```

◊ ARBROATH SMOKIES

◊ ATHOL BROSE

◊ BARLEY BROTH

◊ BLACK BUN

◊ BLAEBERRY JELLY

◊ BUCKIES

◊ CABBIE CLAW

◊ CLOOTIE DUMPLING

◊ CRANACHAN

◊ CRAPPIT HEID

◊ CULLEN SKINK

◊ FINNAN HADDIE

◊ FUARAG

◊ GROUSE

◊ HATTED KIT

◊ LANARK BLUE

◊ MEALIE PUDDING

◊ OATMEAL ROLLS

◊ PARTAN BREE

◊ POWSOWDIE

◊ REESTIT MUTTON

◊ SELKIRK BANNOCK

◊ STOVIES

◊ TATTIE SCONES

Beauty Spot Villages

```
X X N E V A H A N T R O P S Y
D U R I S D E E R S N F W S I
S S T W D R K Y L U A E B O C
C S N C K I A B E R L O U R O
A W U A L E E Q B G Y F O C M
R I D L S Q G I O V P V A E R
I G I L F H D L W D I N I L I
N N I A B Z I R E E R N J P E
I D I N A E R E A N Y Y M P Q
S S X D L N B N L H C K M A S
H B H E M X Y Y R D C O W E J
U B D R A Z H O H I A O E K N
S A Z E H F T B H H D I R B C
I T W R A M E A R B M N G R Q
H S M H S N N E I N R O D W A
```

◊ ABERLOUR

◊ ABOYNE

◊ APPLECROSS

◊ ARROCHAR

◊ BALMAHA

◊ BEAULY

◊ BRAEMAR

◊ CALLANDER

◊ COMRIE

◊ CROVIE

◊ DEAN

◊ DORNIE

◊ DRYMEN

◊ DURISDEER

◊ ELGOL

◊ GLENCOE

◊ KILLIN

◊ LUSS

◊ NETHY BRIDGE

◊ PORTNAHAVEN

◊ RHYNIE

◊ SCARINISH

◊ SHIELDAIG

◊ ST ABBS

Monarchs

```
D Y Q J B B S E L R A H C J L
G E O R G E D L A N O D A A M
W H E S I E D W N L P H M M R
A T F E R G U S M O R E L E T
I F G F I S C V D R O D A S A
R S W M C B M F G E J G I Y D
O B M L O C L A M D P A B I H
T S U A H U U T A N R R V C N
C E Z D D N R I I A R A A L Y
I T R N A E A H L X D L W R Y
V Z I A B U H P L E U L A D L
A V R O G Y T R I L N M M V E
I N R P M R B V W A C D O V J
J D N U M K A J L R A Y E G F
O Z F E J W U M U D N O O A Q
```

◊ AED
◊ ALEXANDER
◊ AMLAIB
◊ ANNE
◊ CHARLES
◊ CUILEN
◊ DAVID
◊ DONALD

◊ DUB
◊ DUNCAN
◊ EDGAR
◊ EDWARD
◊ FERGUS MOR
◊ GEORGE
◊ GIRIC
◊ INDULF

◊ JAMES
◊ LULACH
◊ MALCOLM
◊ MARGARET
◊ MARY
◊ ROBERT
◊ VICTORIA
◊ WILLIAM

DC Thomson Comic Characters

```
W R N O S R E T A P B G P R O
S A E L B M I W U S V O X V W
J E T D K R M G S P E R E B E
X M W K Y F F I M S P G T J N
K U U K I N G N A S H E R E G
G U L P P N T T W J J O R R O
I V L D C B S K J E G U X E A
Y T I M A L A C C R C S B M L
E E E L V Q K U A E T A R Y X
I L X G D A A N A E E B R T O
G O Y W L A P M K R L E C O R
G H L K C A P C B I B T W O H
A Y L Y W O O H N L U D R N P
M E I U M R Q K N D O W I S T
S K B F C H O O V E R B K R A
```

◊ ALF TUPPER

◊ BERYL THE PERIL

◊ BILLY WHIZZ

◊ BLOB

◊ CALAMITY JAMES

◊ COLONEL BLINK

◊ DAPHNE

◊ DUDDLY D WATKINS

◊ 'ERBERT HOOVER

◊ GNASHER

◊ GORGEOUS GUS

◊ GRANPAW

◊ HORACE

◊ JEREMY

◊ KEYHOLE KATE

◊ LORD SNOOTY

◊ MAGGIE

◊ OOR WULLIE

◊ OWEN GOAL

◊ PLUG

◊ PRIMROSE PATERSON

◊ SMIFFY

◊ WEE ECK

◊ WILFRED WIMBLE

Great Houses and Palaces

```
Y A R A R E V N I M S Y E N Y
E H O L Y R O O D I Z I A N B
U N W P K G D A T J D E E A M
Q S E W P S D R F U Z M L W O
S R A W R T A N N L L M D G U
A H I O H Q H R U A O R U W N
F Y O A U A O C D R O H O H T
E L K A B I K A F J G S O S
F I I K I B C L S R H G I P T
S R V N E O Y T E T O U M E U
C Y M Y L L O H I S H Q A T A
O I S L F B S L F A P Q L O R
N I O F B V N O B P B J G U T
E P T A R I R F A L K L A N D
J E K O L D L E I T H H A L L
```

◊ ABBOTSFORD	◊ FLOORS	◊ KELSO
◊ BALMORAL	◊ FYVIE	◊ LEITH HALL
◊ BLAIR	◊ GLAMIS	◊ LINLITHGOW
◊ CULZEAN	◊ GOSFORD	◊ MOUNT STUART
◊ DALMENY	◊ HADDO	◊ NEWHAILES
◊ DUNROBIN	◊ HOLYROOD	◊ POLLOCK
◊ FALKLAND	◊ HOPETOUN	◊ SCONE
◊ FASQUE	◊ INVERARAY	◊ TRAQUAIR

Football Clubs

```
Y S E Y U E I R U R E V N I T
K S E L N R H S P A R T A N S
I O V T X E B R E C H I N T R
L R O N P G A E N T E D H O X
M I C U Q Y T S A J E L P T I
A F U H T Y J O T S C E T H U
R M L P K R R T F T L V I A
N L E Q K B N R N E I B S S C
O K K E R H A E R A F N T W
C O I A O N E H H L C R E L I
K T Q Q R D E R O B K E E E L
H D K A R A A H A I O Z U B L
A Y E E D S V K Y O W U Q V I
G R B B H I B E R N I A N S A
F A I R Y D E A N E D Y L C M
```

◊ ABERDEEN

◊ ALBION ROVERS

◊ ARBROATH

◊ AYR UNITED

◊ BONNYRIGG ROSE

◊ BRECHIN CITY

◊ BUCKIE THISTLE

◊ CELTIC

◊ CLYDE

◊ COVE RANGERS

◊ EAST FIFE

◊ FORT WILLIAM

◊ GALA FAIRYDEAN

◊ HIBERNIAN

◊ HUNTLY

◊ INVERURIE LOCO
WORKS

◊ KEITH

◊ KELTY HEARTS

◊ KILMARNOCK

◊ PETERHEAD

◊ QUEENS PARK

◊ ROSS COUNTY

◊ SPARTANS

◊ STRANRAER

```
B O L I N L I T H G O W P G R
M A H G N I S L A W C D M L E
B O T H W E L L A O O W O E G
N E V H T U R B N O R J X N A
E O K S O M C S R F T D X C W
I Y A Z Y A O Y C I N V O A O
L R S E S R L T J A Z H N I D
S U E K T O D J L E C Z K R D
N B E V H E T T C N Q C I N A
I T D B P I I N E P I D Y O R
A U R A X A A R L W O A D R N
O T R A M I F E D L R Y Y U L
Z O L M L U V R F R G L K L E
Y L Y L D E A I U Y B L X E Y
R D A T N H U M A O Y A R O M
```

◊ AINSLIE TAVERN   ◊ DOWAGER QUEEN   ◊ EARL MORAY

◊ AULD ALLIANCE   ◊ FRENCH COURT   ◊ MURRAY

◊ BESS OF HARDWICK   ◊ GLENCAIRN   ◊ RIDOLFI PLOT

◊ BOTHWELL   ◊ HOLYROOD   ◊ DAVID RIZZIO

◊ CASKET LETTERS   ◊ JOHN KNOX   ◊ RUTHVEN

◊ CONSORT   ◊ LINLITHGOW   ◊ TIXALL

◊ LORD DARNLEY   ◊ LOCH LEVEN   ◊ TUTBURY

◊ DE PAROY   ◊ MAITLAND   ◊ WALSINGHAM

```
H N I N O R C O N I N M Y F S
R Q E H C A E L P M E S R M T
H Z U D G N O L B O R S I E R
S W O R L D W A R S O M A R A
B E P E E S I E S J C T H T C
L L G I H C M K V M Y Q Y E H
A S S N E L T M I E G W L S A
W L R Y A E T L A G I A U N N
E M R E W H L L W W D R O R G
A A E P O A C J M N T R G Y U
R U T O N O D E E I B I Q J T
I D E R W Y L V V L S I N K H
E I P Y Z L A F I T E Q M K R
B E N U O T S E I D D U C P I
B B E N E T H E R H I L L C E
```

- ◊ BLAWEARIE
- ◊ FARMING CHANGES
- ◊ JOCK CRONIN
- ◊ CUDDIESTOUN
- ◊ FLOOERS O' THE FOREST
- ◊ GALT
- ◊ JOHN GRIEVE
- ◊ CHRIS GUTHRIE
- ◊ VIVIEN HEILBRON
- ◊ HAIRY HOGG
- ◊ ROB LONG
- ◊ RODDY MCMILLAN
- ◊ MAUDIE
- ◊ MISTRESS MELLON
- ◊ MR SEMPLE
- ◊ NETHERHILL
- ◊ PETER PEAT
- ◊ PEESIE'S KNAPP
- ◊ POOTY'S
- ◊ QUEEN ELSIE
- ◊ CHAE STRACHAN
- ◊ EWAN TAVENDALE
- ◊ TINK
- ◊ WORLD WAR

Fashion Designers

```
T S R E B M A H C E K C M S B
B C O L B E R T A K S A N K S
E B Y I M C C O A C H I N P I
R I I A R M O U R A C H Q E L
R N N G L H G Z U O H H O G G
Z E I N G D R H L A V D Z B D
Q H X V E M O V R F P D A E Z
J P Z G C R O E P E T R I D S
F E Y S R E D N U A S O J I R
U T U E M I E W A C C F E S E
L S K H M G W R L W A W F N T
T W I U R C O A K P N A F O X
O C L A Q F R I X J L R R R A
N O N N Z K R Y K V A C E I B
Y T C H C K K B K A N D Y W G
```

◊ KERRIE ALDO

◊ GRAEME ARMOUR

◊ CAROLYN BAXTER

◊ WILLIAM CHAMBERS

◊ JUDY R CLARK

◊ PHILIP COLBERT

◊ IAN CRAWFORD

◊ HOLLY FULTON

◊ BILL GIBB

◊ PATRICK GRANT

◊ KESTIN HARE

◊ PAM HOGG

◊ LAURA IRONSIDE

◊ CHARLES JEFFREY

◊ TAMMY KANE

◊ RYAN KIRK

◊ SAM MCCOACH

◊ CATHLEEN NICOL

◊ EUNICE OLUMIDE

◊ RAY PETRI

◊ BRIAN RENNIE

◊ JONATHAN SAUNDERS

◊ HAYLEY SCANLAN

◊ JOHN STEPHEN

Entertainers

```
Y N A H G U A G R J B L L T A
D L A N O D C A M E I S P Y H
E N W Y L D P V F N T V F I R
N D J K O L Z B I N I R C W L
N S E N N I E C A P A E O L A
E O M W F S C R O P G V A P U
K M R Y I A A N R N M G F N D
C C F E R H D L I A A W Z E E
R F Y E N A U L T N F M Z D R
E F I F T M R H O L I V E R I
H P O W R I E G Q M O N L U A
S T T O T S C R S E N N E P L
I A Y S O M N H B S M A D A C
F R L N G A L L O W A Y E L T
B I C K N E L L E B P M A C S
```

- ◊ KAYE ADAMS
- ◊ MARGARET BICKNELL
- ◊ RORY BREMNER
- ◊ NICKY CAMPBELL
- ◊ DAVID FARRELL
- ◊ ARCHIE FISHER
- ◊ WILL FYFFE
- ◊ ROBIN GALLOWAY

- ◊ DICK GAUGHAN
- ◊ GARY INNES
- ◊ HARRY LAUDER
- ◊ FIONA KENNEDY
- ◊ FERGIE MACDONALD
- ◊ ELVIS MCGONAGALL
- ◊ KAREN MATHESON
- ◊ CARMEN PIERACCINI

- ◊ GAIL PORTER
- ◊ IAN POWRIE
- ◊ ANGUS PURDEN
- ◊ NEIL OLIVER
- ◊ ISLA ST CLAIR
- ◊ IAIN STIRLING
- ◊ GRANT STOTT
- ◊ DOUGIE VIPOND

```
S E R O O D E H T R A B T J B
E I G O L N E L G L W B O N M
L E H F U T I D V A I E P O E
D J A X V Y W F J N R Z Y T I
N H B U S H E S L R Q B Z L G
E A S D L M M F O E F O W I G
W S H W A D O L L Z D N E M E
N A S C W I L L I E R N I A P
U L L H O R N A E A U I S H S
O G W L L R H T N X M E S N T
T U H H A W B U Y G E X E T W
L O A V M C G T P X S P B X D
A D H R M U E T B L S Y P C A
S E A I I A L I S O N G N I N
J B E L E T V E V H O R X E E
```

◇ ALISON GROSS   ◇ EARL OF ERROL   ◇ JAMIE DOUGLAS

◇ ANDREW LAMMIE   ◇ ELFIN KNIGHT   ◇ KINMONT WILLIE

◇ AULD LANG SYNE   ◇ EPPIE MORRIE   ◇ LAIRD O DRUM

◇ BAR THE DOOR   ◇ GLASGOW PEGGIE   ◇ LIZZIE BAILLIE

◇ BESSIE BELL   ◇ GLENLOGIE   ◇ LORD SALTOUN

◇ BONNIE ANNIE   ◇ GREEN BUSHES   ◇ MARY HAMILTON

◇ BROCHAN LOM   ◇ GUDE WALLACE   ◇ SCOTS WHA HAE

◇ DAINTY DAVIE   ◇ HEY TUTTIE TATIE   ◇ SIR PATRICK SPENS

Stage and Screen – Part Two

```
Y I N I D R A N C B E C D N R
D C A P A L D I N N Q A I A N
O Z W P U V Q T A E E I Q R O
N O S W A L N R K I S R B R S
A Q D V E E T Y R T A N U U K
C Z F S N L C R R H K E E C C
H Q L N O U U T J E G Y R J A
I I A C M C E W R E L M Y O J
E B H M P N C O I M U T Q Z E
L K I Y N U G B K L Q Z U S T
S N V A S E S C L R S G T B N
G I N I R O D A R F A O B H D
L T C G R Z C U O T T L N E N
K K C C L C S K W T M E C P A
Q M I E M J R A H W Y K E R R
```

◊ IAN BANNEN

◊ GERARD BUTLER

◊ JOHN CAIRNEY

◊ PETER CAPALDI

◊ JAMESON CLARK

◊ ROBBIE COLTRANE

◊ ANNETTE CROSBIE

◊ TONY CURRAN

◊ FINLAY CURRIE

◊ RON DONACHIE

◊ ALAN CUMMING

◊ HENRY IAN CUSICK

◊ NCUTI GATWA

◊ GORDON JACKSON

◊ ASHLEY JENSEN

◊ DEBORAH KERR

◊ DENIS LAWSON

◊ ROSE LESLIE

◊ DAVID MCCALLUM

◊ EWAN MCGREGOR

◊ DANIELA NARDINI

◊ KEN STOTT

◊ DAVID TENNANT

◊ RICHARD WILSON

Glens

```
D Q M M A K K B B I C L J C Z
G F A V H R S I O S U P A K T
W R O P C T I C L N L Y T H L
K L C R I R O H C D H R T Q B
C L D O O A I R S C O V A D R
A J O S U H A T R O G N N K I
E B L E Q C Z O L I W F A I T
N W L N C O D U J I D I R N T
L E U R A D N E L G T O E G L
O I F N E F Y K I Y V Y N L E
C P V E E R F D N S O K Y A I
H P B V S N H R T E O N R S H
A I I A O H F J I G R O L T S
N T B V I J I Y L C O I I C K
E R R U L N A E D O J L K Y B
```

◊ AFFRIC	◊ GLENDARUEL	◊ PROSEN
◊ BRITTLE	◊ KILDONAN	◊ QUOICH
◊ CAENLOCHAN	◊ KILRY	◊ SHIEL
◊ CLOVA	◊ KINGLAS	◊ SHIRA
◊ DOCHART	◊ LYON	◊ TANAR
◊ DOLL	◊ MARK	◊ TILT
◊ ETIVE	◊ OGLE	◊ TORRIDON
◊ FESHIE	◊ ORCHY	◊ TROOL

Modern Scottish Novels

```
E E X W W G C G U I N C O D H
Z O L X N O A Z L A I D L A W
X H V I R R H O T E L J U R H
K A S N R S S B B C B P D C T
Y I E O E H F O H Y O C B R K
R R C C U E N I W Q G W U Q R
S S A G X E R O S D M M D R I
B L G E D O G G O H P B D T K
P I O E J S U C W E O S H R Z
E T E Q A I H K T T G Y A G L
L P H L U E L P H G R N D W E
R C G G R P R Y O U A G A L N
Q L Z T I L I M X L C T O F L
R P Y O U N G D R I E J P G I
N V X T B X X P U R D F E O N
```

◊ A RISING MAN

◊ BONE DEEP

◊ BOTHY TALES

◊ BUDDHA DA

◊ CORRAG

◊ DOCHERTY

◊ DUCK FEET

◊ FISH TOWN

◊ GIRL MEETS BOY

◊ GLASGOW KISS

◊ GOBLIN

◊ GRACE NOTES

◊ GREENVOE

◊ HOTEL WORLD

◊ IMAGINED CORNERS

◊ IN DARK WATER

◊ LANARK

◊ LAIDLAW

◊ NIGHT GATE

◊ SHUGGIE BAIN

◊ WASP FACTORY

◊ WILD PLACES

◊ TRUMPET

◊ YOUNG ADAM

Birds

```
W I K C A A X H D R A Z Z U B
H D O L E R T E P M R O T S Z
O V O J E T T E H G S E D L V
O I R T T R E A J I Q R L E
P Z D J T E I L N L I V A O Z
E L F U D E Y K L N D Z L P K
R I L I N E R I D J A N L D W
S A E I R N A E T E A G A E A
W T A G B C O Y L G R U M R H
A N Z H R S M C I W K W Y R S
N I M E P E S M K S F J B E O
J P P R R O R O N I K S I S G
L A E L W A L N R E T O C S B
C Y I Q T C O R N C R A K E G
N N G P P H E A S A N T W L Z
```

◊ BUZZARD
◊ CAPERCAILLIE
◊ CORNCRAKE
◊ CROSSBILL
◊ DOTTEREL
◊ DUNNOCK
◊ EIDER
◊ GANNET

◊ GOSHAWK
◊ GREYLAG
◊ LESSER REDPOLL
◊ MALLARD
◊ MERLIN
◊ OSPREY
◊ PHEASANT
◊ PINTAIL

◊ PTARMIGAN
◊ RED KITE
◊ ROOK
◊ SCOTER
◊ SISKIN
◊ SKUA
◊ STORM PETREL
◊ WHOOPER SWAN

Moths and Butterflies

```
F I C R G T N A H P E L E N S
R A G G E O T E U T I G E R B
E M T E I E O A S O T U M U F
V M G J N L Y R U N I Q F D R
T E P R A C H E A T H F I P I
P C U E A D H R F N T B S E T
D B S B R Y M M I I G Y K A I
E V Y J C O L I P N D E I C L
L S U G R A R I R K G D P O L
K R Y A V B A B N A M L P C A
C P E T M E G J T G L A E K R
E K U G U M I H J A U R R T Y
P O V J G A O N O W U E F K S
S T O I N A E C E S S M Y L V
P A I N T E D B L D T E P B Q
```

◊ BRINDLED BEAUTY
◊ BUFF TIP
◊ COMMA
◊ DINGY SKIPPER
◊ ELEPHANT HAWK
◊ EMERALD
◊ EMPEROR
◊ GARDEN TIGER

◊ GHOST SWIFT
◊ GRAYLING
◊ GREY DAGGER
◊ LARGE HEATH
◊ MARSH FRITILLARY
◊ OAK EGGAR
◊ ORANGE TIP
◊ PAINTED LADY

◊ PEACOCK
◊ RED ADMIRAL
◊ RINGLET
◊ SANDY CARPET
◊ SCOTCH ARGUS
◊ SIX SPOT BURNET
◊ SPECKLED WOOD
◊ VEINED WHITE

Vernacular Scots

```
S C A F F I E S D M Y A A S F
D E R E T O O L B B I H C E P
W W Z E N V N S P U J W R I U
D N E L L E K V M U S O E T N
V R R Y I H Y O G B D S T T N
G D C S M Z N D K H T D A U Y
T O O B A T I F L O B G O G B
J B P V H C Q H O A Y N T C P
E I D E E P F R D C L I S K K
W T N P K C P M W H E L L S P
I A B A R K I T G I Z P S C D
F G H K U P F T M N Z R K I I
N Y Q E J E C A L W T I L F C
B E L T E R L C S A U H F L H
T H S E E H W Z N H B G G G T
```

◊ BALTIC   ◊ FITABOOT   ◊ MON THEN

◊ BARKIT   ◊ FLIT   ◊ PEEDIE

◊ BELTER   ◊ GREET   ◊ PUDDOCK

◊ BLOOTERED   ◊ GUTTIES   ◊ PUNNY

◊ BOSIE   ◊ HEEHAW   ◊ SCAFFIES

◊ CHIB   ◊ HIRPLING   ◊ STOATER

◊ DICHT   ◊ HOACHIN   ◊ STOOR

◊ FASH   ◊ LALDY   ◊ WHEESHT

SOLUTIONS

1

2

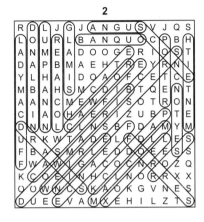

3

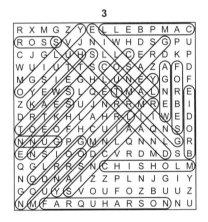

4

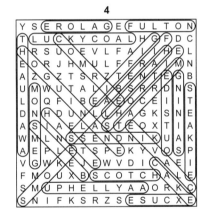

5

6

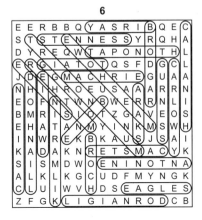

SOLUTIONS

7

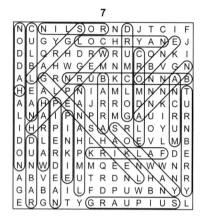

8

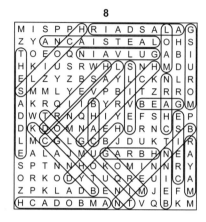

9

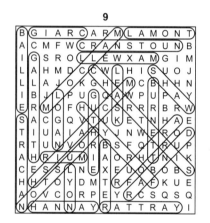

10

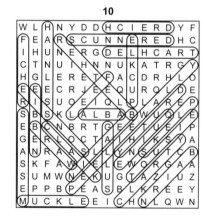

11

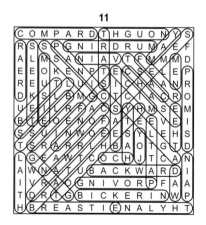

12

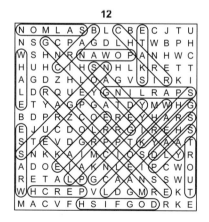

SOLUTIONS

13

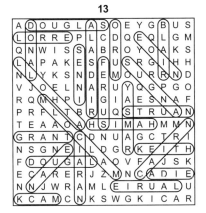

14

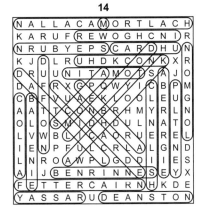

15

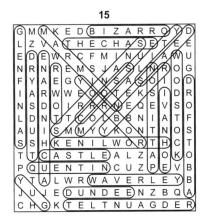

16

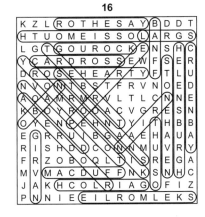

17

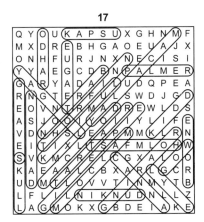

18

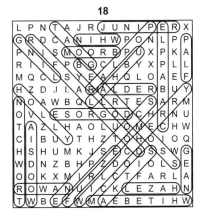

SOLUTIONS

19

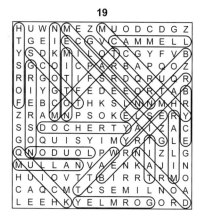

20

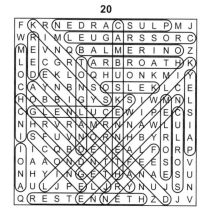

21

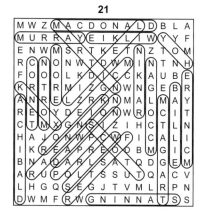

22

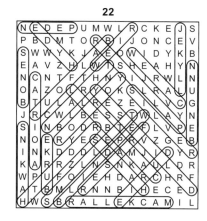

23

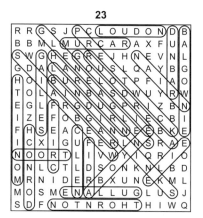

24

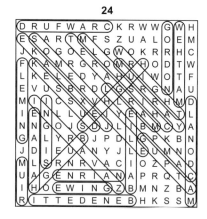

114

SOLUTIONS

25

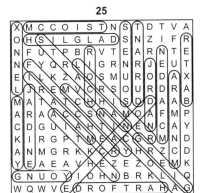

26

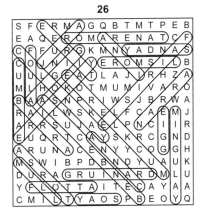

27

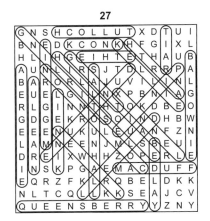

28

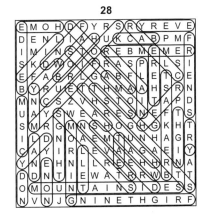

29

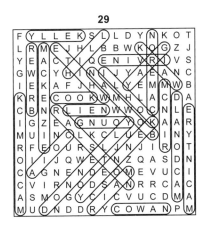

30

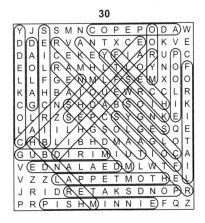

SOLUTIONS

31

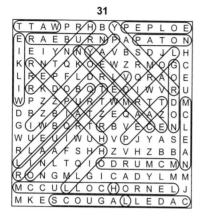

32

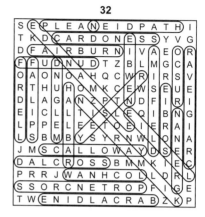

33

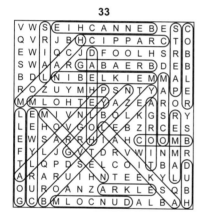

34

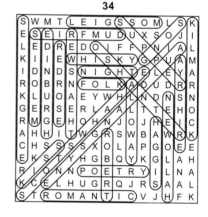

35

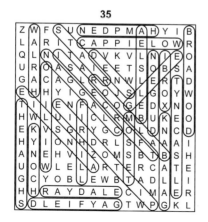

36

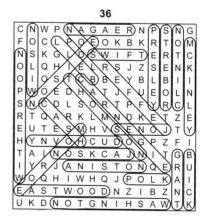

SOLUTIONS

37

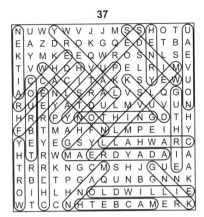

38

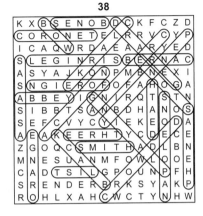

39

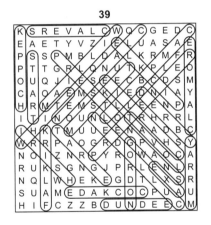

40

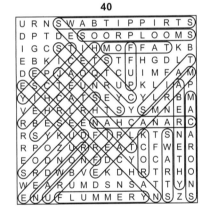

41

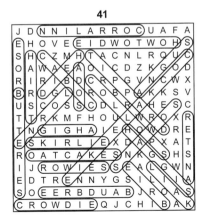

42

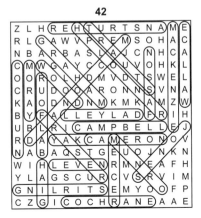

SOLUTIONS

43

44
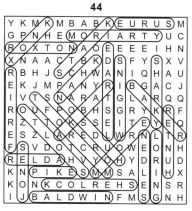

45

46
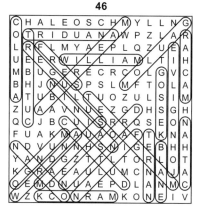

47

48
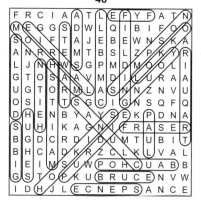

SOLUTIONS

49

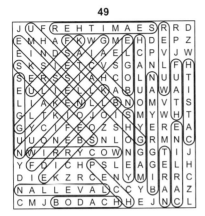

50

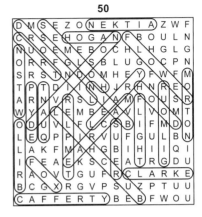

51

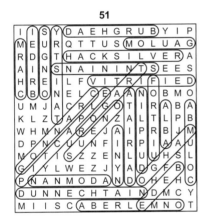

52

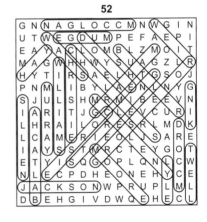

53

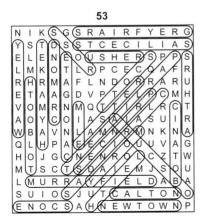

54

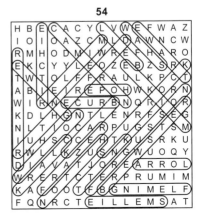

SOLUTIONS

55

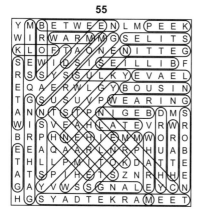

56

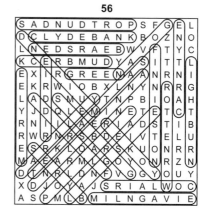

57

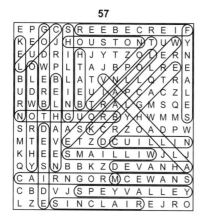

58

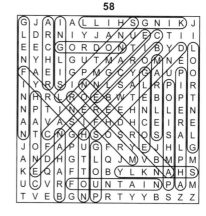

59

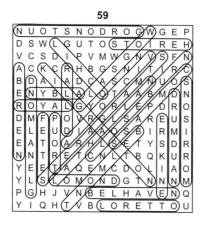

60

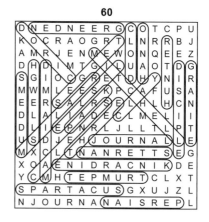

SOLUTIONS

61

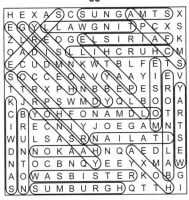

62

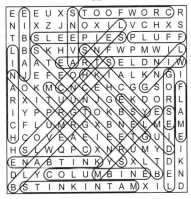

63

64

65

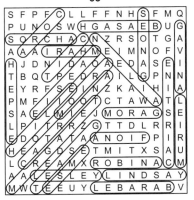

66

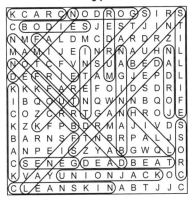

SOLUTIONS

67

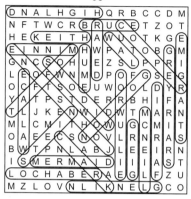

68

69

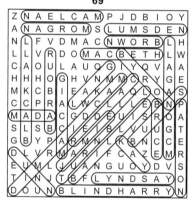

70

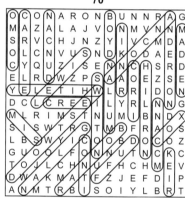

71

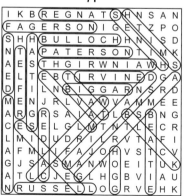

72

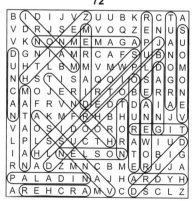

SOLUTIONS

73

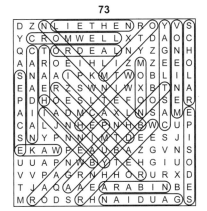

74

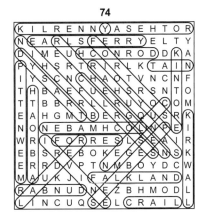

75

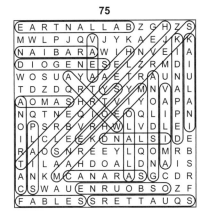

76

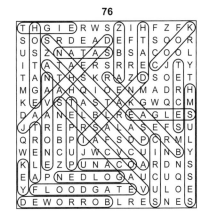

77

78

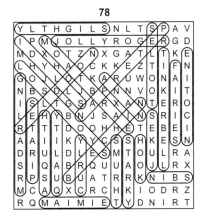

SOLUTIONS

79

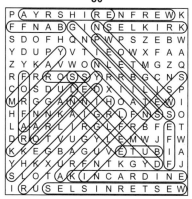

80

81

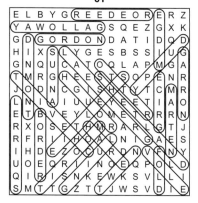

82

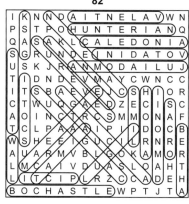

83

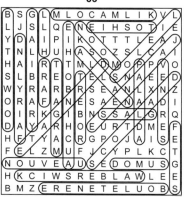

84

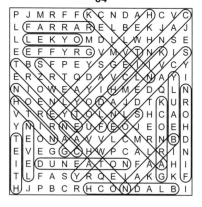

SOLUTIONS

85

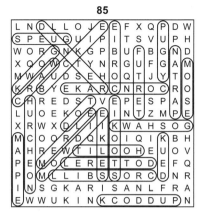

86

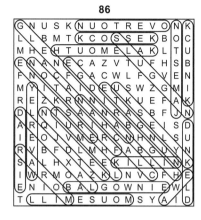

87

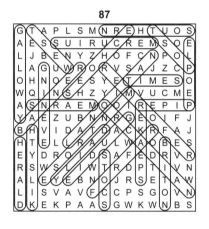

88

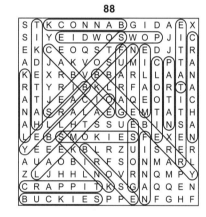

89

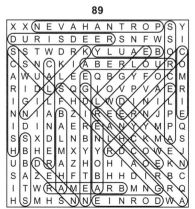

90

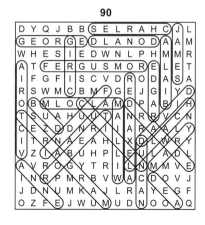

SOLUTIONS

91

92

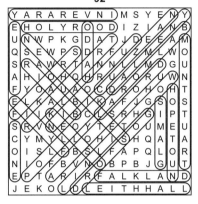

93

94

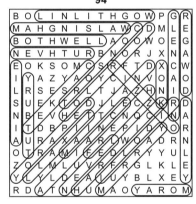

95

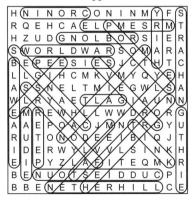

96

SOLUTIONS

97

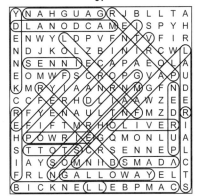

98

99

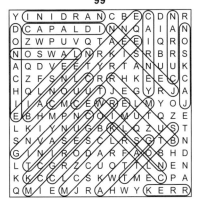

100

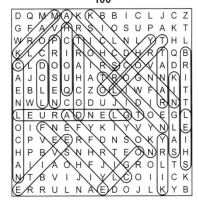

101

102

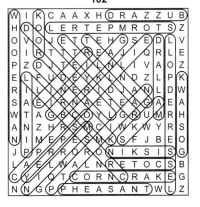

SOLUTIONS

103

```
F I C R G T N A H P E L E N S
R A G G E O T E U T I G E R B
E M T E I E O A S O T U M U F
V M G N L Y R U N I O F D R
T E P R A C H E A T H F I P I
P C U E A D H R F N T B S E T
D B S B R Y M M I G Y K A I
E V Y J C O L I P N D E I C L
L S U G R A R I R K G O P O L
K R Y A V B A B N A M L P C A
C P E T M E G I T G L A E K R
E K U G U M I H J A U R R T Y
P O V J G A O N O W U E F K S
S T O I N A E C E S S M Y L V
P A I N T E D B L D T E P B Q
```

104

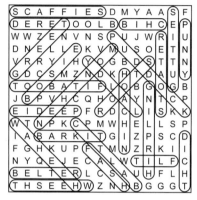

```
S C A F F I E S D M Y A A S F
D E R E T O O L B B I H C E P
W W Z E N V N S P U J W R I U
D N E L L E K V M U S O E T N
V R R Y I H Y O G B D S T T N
G D C S M Z N D K H T D A U Y
T O O B A T I F L O B G O G B
J B P V H C Q H O A Y N T C P
E I D E E P F R D C L I S K K
W T N P K C P M W H E L L S P
I A B A R K I T G I Z P S C D
F G H K U P F T M N Z R K I I
N Y C E J E C A L W T I L F C
B E L T E R L C S A U H F L H
T H S E E H W Z N H B G G G T
```